我国农业产业供应链韧性测度与提升路径研究

吕晶晶 ◎ 著

中国财经出版传媒集团
经济科学出版社
Economic Science Press
·北京·

图书在版编目（CIP）数据

我国农业产业供应链韧性测度与提升路径研究 / 吕晶晶著. —北京：经济科学出版社，2025.6. -- ISBN 978-7-5218-6945-3

Ⅰ. F324

中国国家版本馆 CIP 数据核字第 20254N5985 号

责任编辑：崔新艳
责任校对：蒋子明
责任印制：范　艳

我国农业产业供应链韧性测度与提升路径研究
WOGUO NONGYE CHANYE GONGYINGLIAN
RENXING CEDU YU TISHENG LUJING YANJIU

吕晶晶　著

经济科学出版社出版、发行　新华书店经销
社址：北京市海淀区阜成路甲 28 号　邮编：100142
经管编辑中心电话：010-88191335　发行部电话：010-88191522
网址：www.esp.com.cn
电子邮箱：espcxy@126.com
天猫网店：经济科学出版社旗舰店
网址：http://jjkxcbs.tmall.com
北京季蜂印刷有限公司印装
710×1000　16 开　10 印张　180000 字
2025 年 6 月第 1 版　2025 年 6 月第 1 次印刷
ISBN 978-7-5218-6945-3　定价：55.00 元
（图书出现印装问题，本社负责调换。电话：010-88191545）
（版权所有　侵权必究　打击盗版　举报热线：010-88191661
QQ：2242791300　营销中心电话：010-88191537
电子邮箱：dbts@esp.com.cn）

本书出版同时受"基于免疫理论的水产品供应链核心企业质量控制研究"(项目编号:R19060)、广东省普通高校人文社会科学重点研究基地广东海洋大学海洋经济与管理研究中心以及广东海洋大学应用经济学特色重点学科联合资助。

前　言

　　农业是安邦之基，粮食安全是国之大者。当今世界正经历百年未有之大变局，气候变化加剧、地缘冲突频发、全球疫情冲击、贸易格局重塑等"黑天鹅""灰犀牛"事件迭起，深刻考验着各国产业链供应链的稳定与安全。农业作为国民经济的基础命脉，其供应链的韧性不仅关乎"米袋子""菜篮子"的稳定供应，更牵系着国家经济安全和社会稳定大局。党的二十届三中全会将"健全提升产业链供应链韧性和安全水平制度"置于突出位置，凸显了在复杂变局下筑牢农业根基的战略意义。

　　中国作为全球最大的农产品生产国和消费国，农业产业供应链的稳健运行至关重要。面对黄淮"烂场雨"、局部洪涝干旱等极端天气挑战，国际粮价波动等多重压力，我国农业展现出较强韧性，粮食总产量再创新高，农林牧渔业总产值稳步增长。然而，我们必须清醒认识到，我国农业供应链仍面临深层次挑战，如关键农产品对外依存度高、产业环节衔接松散、主体创新能力不足、小农户融入现代化链条不畅、冷链物流与信息化短板突出、区域发展不均衡等。这些问题相互交织，制约了供应链的响应速度、抗风险能力和整体效能。科学评估其韧性水平，精准识别薄弱环节，并探索切实可行的韧性提升路径，已成为保障国家粮食安全、推动农业高质量发展和实现乡村全面振兴的核心命题。

　　本书正是回应这一时代课题的深入探索。本书研究立足于国家战略需求与产业发展痛点，致力于突破传统分析的局限，聚焦于构建一套立足中国国情、兼具理论深度与实践价值的农业供应链韧性评估体系。通过融合定量测度与质性分析，本书不仅揭示了我国农业供应链韧性的时空演变规律与关键影响因素，更着力于探寻从"被动应对"转向"主动适应"乃至"创新升级"的系统性解决方案。

本研究力求实现三重价值。

（1）理论深化价值。本书系统阐释农业供应链韧性的多维内涵，厘清其与可持续发展、粮食安全的内在逻辑，丰富和发展供应链管理理论在农业领域的应用。

（2）决策支撑价值。本书基于严谨的数据分析和实证测度，为政府部门精准施策、优化制度供给、提升产业链供应链韧性与安全水平提供科学依据。

（3）实践引领价值。本书通过剖析国内外典型案例，提炼可复制、可推广的韧性提升策略与操作路径，为农业企业、合作社等经营主体强化风险管理、优化资源配置、提升市场竞争力提供行动指南。

提升农业产业供应链韧性，是关乎国计民生的系统工程，需要政府、企业、科研机构与农业生产者的协同发力。本书的研究成果，期望能为有效应对风险挑战、筑牢国家粮食安全防线、畅通农业产业循环、最终实现强国目标有所裨益。

书中难免存在疏漏与不足，恳请各界读者批评指正。

吕晶晶
乙巳年于广东湛江

目　　录

引言 ·· 1

 第一节　研究背景与意义 ··· 1
 第二节　研究方法与框架 ··· 3

第一部分　农业供应链韧性基础

第一章　农业供应链概述 ··· 9

 第一节　农业供应链的定义与特点 ·· 9
 第二节　中国农业供应链演变历程 ·· 10
 第三节　农业供应链管理的意义与挑战 ································· 13
 第四节　国际农业供应链发展概况 ·· 15
 第五节　农业供应链与全球化趋势的关系 ····························· 16

第二章　供应链韧性概念与重要性 ································· 21

 第一节　供应链韧性的定义与内涵 ·· 21
 第二节　农业供应链韧性的重要性与价值 ····························· 23
 第三节　供应链韧性与可持续发展的关系 ····························· 25
 第四节　供应链韧性的影响因素与维度 ································ 27
 第五节　韧性理论在农业供应链中的应用与实践 ·················· 32

第二部分　我国农业产业供应链现状与分析

第三章　我国农业产业供应链现状 ················· 39
第一节　我国农业产业供应链概况 ················ 39
第二节　主要农产品供应链的特点与结构 ············ 41
第三节　我国农产品供应链面临的挑战与问题 ·········· 43
第四节　农产品供应链发展现状与趋势 ·············· 47
第五节　农产品供应链国际比较与竞争力分析 ·········· 50

第四章　农业供应链韧性评估与测度 ·············· 53
第一节　农业供应链韧性评估指标体系构建 ············ 53
第二节　农业供应链韧性测度方法与工具 ·············· 61
第三节　农产品供应链韧性评价模型构建与实证研究 ······ 63
第四节　农业供应链韧性评价指标体系优化与完善 ········ 69

第五章　供应链韧性建设关键要素 ················ 76
第一节　农业供应链韧性关键要素分析 ··············· 76
第二节　韧性建设的策略与方法 ··················· 77
第三节　供应链伙伴关系与协同机制 ················ 85
第四节　农产品供应链供应商管理与关系协同 ·········· 88
第五节　农产品供应链物流管理与协同优化 ············ 89

第六章　风险管理与危机应对 ···················· 95
第一节　农产品供应链中的风险源与风险评估 ·········· 95
第二节　危机管理与应急预案制定 ················· 98
第三节　风险应对与危机应对实践案例分析 ············ 105
第四节　农产品供应链韧性风险管理模式构建 ·········· 107
第五节　农产品供应链风险管理技术与方法创新 ········ 110

第三部分 案例分析与对策建议

第七章 成功案例分析 …………………………………………… 121

第八章 对策建议与实践指导 …………………………………… 128
第一节 提升农业供应链韧性的建议与实践指导 ………… 128
第二节 提升农业供应链韧性的路径与方向 ……………… 132
第三节 农产品供应链韧性提升策略研究 ………………… 136

结　语 ………………………………………………………………… 140
第一节 研究成果总结与启示 ……………………………… 140
第二节 展望未来研究方向与趋势 ………………………… 141

参考文献 …………………………………………………………… 143

引　言

第一节　研究背景与意义

一、研究背景

党的二十届三中全会强调健全提升产业链供应链韧性和安全水平制度。这对农业这一国民经济的基石领域具有特别重要的意义。中国不仅是农业大国，也是粮食进出口大国。在面对自然灾害、全球疫情、贸易争端等不确定性风险与冲击时，农业供应链的快速恢复与调整能力，成为保障农业产业安全稳定发展的关键。因此，提高农业产业链供应链的韧性，不仅是应对这些挑战的必要条件，也是我国农业战略发展的重要目标。

农业供应链作为现代农业生产和流通的关键组成部分，涵盖了从生产、加工到销售的所有环节。全球化和科技进步的持续推动，加剧了农业供应链的复杂性和重要性。然而，近年来，由于频繁的自然灾害和全球疫情等因素的影响，农业供应链的脆弱性显著暴露。为了应对这些挑战，农业供应链韧性逐渐成为学术界和产业界关注的焦点。

2023年，我国农业实现农林牧渔业总产值5000.68亿元，比上年增长4.1%。其中农业产值3114.22亿元、林业产值111.61亿元、畜牧业产值1130.50亿元、渔业产值356.45亿元、农林牧渔专业及辅助性活动产值287.89亿元。[①] 尽管面临新冠疫情和经济波动的双重压力，国家有力克服了黄淮罕见"烂场雨"、华北东北局地严重洪涝、西北局部干旱等不利因素影

---

① 农业农村部.2023年全国农垦经济发展统计公报［R］.农业农村部网站，http：//www.nkj.moa.gov.cn/gzdt/202407/t20240726_6459760.htm.

响，全国粮食总产量69541万吨，比2022年增加888万吨，增长1.3%。[①]这一数据体现了我国农业在不稳定环境中的韧性和稳健增长能力。然而，在全球化的大背景下，我国农业供应链仍面临多重挑战，包括产业分工不明确、[②]产业环节衔接不稳定、[③]主体利益分配不均衡、供需结构不匹配、[④]主体创新能力弱[⑤]以及空间链布局不完善[⑥]等问题。这些挑战限制了农业供应链的效率和响应速度，进一步加剧了农业供应链系统的脆弱性。针对这些问题，加强供应链管理、优化产业结构、促进产业上下游的有效衔接，以及提升主体的创新能力和参与度，成为提升我国农业供应链韧性的关键路径。通过这些措施，可以构建更为稳健的农业供应链体系，不仅能够应对各种外部冲击，更能在全球农业竞争中保持领先地位，从而确保国家粮食安全和农村经济的稳定发展。

二、研究意义

本书旨在通过深入分析我国农业供应链的现状，探索提升农业供应链韧性的有效路径，为政策制定者和行业从业者提供理论支持和实践指导。这项研究的重要性不仅体现在理论探索上，更在于其对实际应用的指导价值，具体体现在以下几个方面。

（一）理论价值

本书将系统探讨农业供应链韧性的概念、构成要素和影响因素，从而丰富和完善现有的供应链韧性理论体系。通过详细分析不同因素如何影响农业供应链的稳定性和适应能力，本书将提供新的视角和方法，为农业供应链管

---

① 国家统计局关于2023年粮食产量数据的公告［R］. 国家统计局，https：//www.stats.gov.cn/sj/zxfb/202312/t20231211_1945417.html.
② 韩江波. "环-链-层"：农业产业链运作模式及其价值集成治理创新：基于农业产业融合的视角［J］. 经济学家，2018（10）：97-104.
③ 吴孔明，毛世平，谢玲红，等. 新阶段农业产业竞争力提升战略研究：基于产业安全视角［J］. 中国工程科学，2022（1）：83-92.
④ 陈静，秦向阳，肖碧林. 基于典型案例的我国农业产业链构建模式研究［J］. 农村经济，2011（8）：36-40.
⑤ 姜长云. 中国农业发展的问题、趋势与加快农业发展方式转变的方向［J］. 江淮论坛，2015（5）：26-35.
⑥ 张耀一. 农业产业链现代化运作逻辑及实现路径研究［J］. 技术经济与管理研究，2021（11）：125-128.

理的学术研究增添理论深度。

（二）实践意义

通过对国内外成功案例的深入分析，本书总结了提升农业供应链韧性的有效策略，为我国农业供应链管理与优化提供实际的借鉴和参考。研究成果将帮助政策制定者制定出更加科学、实用的政策措施，以提高我国农业供应链的韧性和抗风险能力。

（三）政策指导

本书提出的政策建议将为政府部门在农业政策制定中提供有力支持，帮助决策者更好地考虑到农业供应链韧性的重要性。研究结果将指导政府优化政策环境，从而促进农业供应链的稳定性和可持续发展。

（四）行业应用

研究成果将直接服务于农业企业，提供具体的实践路径，帮助企业识别和应对供应链中的潜在风险。通过实施有效的风险管理策略，农业企业能够提升其市场竞争力和适应复杂环境的能力。

总体而言，本书希望通过对我国农业供应链韧性的系统研究，一方面能深化对该领域理论的理解，另一方面能提供针对我国农业供应链韧性提升的具体策略和建议，这些成果将会极大地促进我国农业产业的安全与可持续发展。

第二节　研究方法与框架

一、研究方法

本书采用多种研究方法，全面探索并提升我国农业供应链的韧性，以应对全球化和技术变革带来的挑战。研究方法包括文献综述法、案例分析法和实证研究法，每种方法都为实现研究目标提供了不同角度的理论支持和实践指导。

（一）文献综述法

本书通过系统梳理国内外关于农业供应链韧性的文献，深入理解该领域的理论基础、发展历程及当前的研究前沿。这一方法帮助我们把握学术界的研究动态，为构建理论框架和进一步的实证研究奠定坚实基础。

（二）案例分析法

通过选择国内外具有代表性的农业供应链韧性案例，详细分析它们的成功经验和存在的不足。此方法不仅能揭示韧性构建的有效机制，也为我国农业供应链韧性的提升提供具体的参考和借鉴。

（三）实证研究法

构建农业供应链韧性的测度模型，选取2012~2022年沪深农业板块上市公司作为研究对象，采用了熵值法+TIOPSIS的组合方法，测算农业供应链的韧性水平并对我国农业供应链韧性综合水平及其时空演变趋势进行深入分析，揭示我国农业供应链在不同年份中的平均韧性变化趋势；基于评估结果提出针对性的改进建议，以增强我国农业供应链的应对能力。基于这些分析结果，本书将提出针对性的策略，以提升农业供应链的韧性和抗风险能力。

二、研究框架

全书由四大部分构成，涉及供应链基础知识、现状分析、韧性提升策略以及案例分析与对策建议，系统地探讨我国农业供应链韧性的评估方法与提升策略，致力于为我国农业供应链的稳定性和抗风险以及应对能力提供全面的理论和实践指导。

第一部分深入分析了农业供应链的基础概念和农业供应链韧性的重要性。首先，本书从定义、特点、演变历程等方面为读者提供了农业供应链的基本框架，并总结了全球农业供应链的现状和趋势。其次，本书探讨供应链韧性的定义、重要性、与可持续发展的关系，并详细阐述了韧性理论在农业供应链中的实际应用。这一部分旨在帮助读者全面理解农业供应链韧性的核心意义和应用价值。

第二部分专注于我国农业产业供应链的现状分析，揭示供应链的结构、主要农产品供应链的特点与挑战，以及当前我国农产品供应链面临的关键问题。这部分内容通过全面审视供应链现状和趋势，为后续的农业供应链韧性评估和测度提供了坚实的数据支撑与理论依据。

第三部分重点研究农业供应链韧性评估与提升路径。深入探讨并构建了科学合理的农业供应链韧性评估指标体系，该体系涵盖抵抗力、恢复力和革新能力三个核心维度，旨在全面反映农业供应链在不同环境下的表现和应对能力。本书详细介绍了通过熵值法与TOPSIS方法相结合进行量化评估的具体步骤，确保评估结果的客观性和准确性。同时，提出了针对不同地区实际情况的本地化调整建议，强调了权重设置的动态调整机制，以适应不断变化的外部环境，不仅为提升农业供应链韧性和实现经济高质量发展提供了坚实的理论依据，也为实际管理和决策提供了有效的实践指导。最后，在风险管理与危机应对方面，本书结合实际案例，深入探讨了风险管理模式和技术创新的重要性，提供了供应链韧性风险管理的系统性指导。

第四部分通过对成功案例的分析，结合不同实际场景，提出了提升农业供应链韧性的策略，从供应链合作关系、数字化技术应用、市场应对能力等方面给出了具体指导。本书在最后对整体研究成果进行总结，并展望了未来研究方向与发展趋势，致力于为我国农业供应链韧性研究和实践提供全方位的借鉴和指导。

总体而言，本书通过全面的理论分析和实际案例，不仅为农业供应链韧性评估和提升提供了科学依据与路径，还为相关政策制定和行业实践提供了指导和支持。

第一部分 农业供应链韧性基础

在当今全球化的经济背景下,农业供应链的韧性对于确保食品安全、促进农业可持续发展具有至关重要的作用。随着科技进步和市场需求的快速变化,农业供应链的管理和优化成为全球农业研究的热点话题。为了深入理解农业供应链的复杂性和面临的挑战,本书的第一部分"农业供应链韧性基础"提供了一系列系统的分析和讨论,旨在构建一个全面的理论和实践框架,以支持农业供应链的持续发展和韧性提升。

第一章　农业供应链概述

第一节　农业供应链的定义与特点

农业供应链通常被定义为覆盖从农产品生产到销售完成过程中的所有相关企业和组织所形成的产业链状结构。[①] 这一概念指的是农产品从生产、加工、储存、运输到最终消费者之间的全部环节，涵盖了供应商、农民、加工商、批发商、零售商等多种参与主体，同时涉及生产资料、农产品、信息和资金的多重流动。农业供应链的特性不仅体现在其结构和参与者的多样性上，还反映在其运作的特定环境和挑战上。

一、复杂性

农业供应链的复杂性主要体现在参与环节的多样性和参与者的广泛性上。从种植、收割、加工到分销，每一步都可能受到自然条件如气候变化和生物病害的影响，这使供应链管理和协调变得极其复杂。

二、季节性

农产品的生产和供应呈现出强烈的季节性特点，如小麦和水稻的季节性种植和收获。这种季节性要求供应链具备灵活应对季节变化带来的供应波动的能力，以维持供应的连续性和市场的供需平衡。

[①] 刘秀玲，戴蓬军. 农业产业化经营中供应链物流管理研究 [J]. 商业研究，2006（5）：183-187.

三、易腐性

许多农产品，特别是水果、蔬菜和肉类，属于易腐品类，需在特定的温度和湿度条件下进行储存和运输。这对供应链的物流和仓储系统提出了较高的要求，以确保产品质量和减少经济损失。

四、小农户众多

在中国等发展中农业国家，小规模农户在农业生产中占主导地位。这些小农户的分散性和规模小的特点加大了供应链整合的难度，阻碍了规模经济的实现。

五、信息不对称

信息流在农业供应链中的不畅通是一个突出问题。生产者到消费者之间存在的信息不对称，导致市场价格波动剧烈和资源配置效率低下。信息技术的应用可能是解决这一问题的有效途径，有助于提高农业供应链的透明度和效率。

由于以上多重因素，农业产业供应链所面临的挑战要求各利益相关方采用更精细化的管理策略和创新解决方案，以增强供应链的整体韧性和效率。通过深入理解这些特点并有效管理，可以推动农业供应链的现代化进程，增强其在全球市场中的竞争力。

第二节　中国农业供应链演变历程

农业供应链的发展是中国经济转型和市场整合进程中的核心环节。随着国家政策的有力引导和市场需求的持续变化，农业供应链已经经历了从基础的整合到全面发展多个阶段。自21世纪初期以来，这一链条逐渐由以市场需求为驱动的流通整合演进为一个全面现代化的管理体系。

一、农业供应链早期阶段（2005~2016年）

此阶段是以市场为导向的农产品流通领域整合阶段。在21世纪初，中国政府深刻认识到产供销一体化在农产品流通中的战略重要性。特别是在2005年至2007年，通过实施"万村千乡"市场工程，国家投入大量财政资金，通过补助或贴息的方式，积极引导城市连锁店和超市等流通企业向农村扩展。这一战略的目标是三年内在全国范围内建设25万家标准化"农家店"，覆盖超过75%的县域，构建一个以城区店为龙头、乡镇店为骨干、村级店为基础的全面的农村现代流通网络。这一政策显著改善了农村的消费环境，并极大地满足了农民的生产和生活需求，促进了农产品的有效流通和农民收入的增加。

与此同时，为了进一步优化农产品市场结构，商务部于2006年启动了"双百"市场工程，该工程聚焦于财政投入支持，重点改造100家大型农产品批发市场，并培育100家大型农产品流通企业。这一举措旨在通过促进重点市场和企业的发展，减少农产品流通过程中的成本和损耗，使更多的农产品能够进入专业的农产品批发市场、大型超市乃至跨国公司的国际营销网络。

2013年，国务院进一步明确了现代农业发展的方向，发布的一号文件《中共中央　国务院关于加快发展现代农业进一步增强农村发展活力的若干意见》中，不仅强调了保障粮食安全和加速农产品现代流通体系的建设，更把提高农产品流通效率和完善市场调控机制列为发展现代农业的重要任务。这些政策的实施极大地促进了农产品市场的规范发展和终端建设，拓宽了农产品的销售渠道，不仅增加了农民的直接收入，而且确保了更多、更安全的农产品能够被广泛地消费，从根本上加强了我国农产品流通市场的基础设施建设和管理效率。

总体来看，这一阶段的农业供应链的演变标志着中国农业市场从传统向现代化的关键转型，不仅改善了农村经济结构，也为中国农业的长远发展奠定了坚实的基础。

二、农业供应链成形阶段（2016~2017年）

此阶段的特征在于深化供给侧结构性改革，助推经济转型升级。2016

年，中国的农业供应链进入了一个关键的成形阶段，随着《开展加快内贸流通创新推动供给侧结构性改革扩大消费专项行动的意见》和《商贸物流发展"十三五"规划》的发布，内贸流通改革的重要性得到了国家层面的进一步强调。这两份重要文件明确指出了内贸商品（包括农产品）流通在国民经济中的基础性和先导性作用，认定其为生产与消费之间的关键纽带。

这一阶段的政策和规划实施不仅推动了内贸流通领域的现代化进程，也促进了消费模式的多样化和升级。政府特别强调了便利消费、实惠消费、绿色消费、放心消费以及品质消费的重要性，这些措施显著扩大了消费需求，提升了消费者的整体购物体验。在此基础上，通过加强物流基础设施建设、推广标准化流程体系，以及鼓励创新体制，政策有效地加速了商品流通效率，实现了成本的降低和社会消费总量的增加。

此外，这些政策的实施还带来了供给侧结构的显著改革，使得农业供应链不仅在效率上得到提升，而且在质量和可持续性方面也取得了重要进展。供给侧结构性改革的推进有效地解决了农产品流通中存在的瓶颈问题，如流通环节的冗长和成本高昂，使得农产品能够更加顺畅地从农田到餐桌。

在加快内贸流通创新的同时，政府通过这些行动强化了农产品市场的多元化和开放性，充分利用国内外市场和两种资源，进一步拓展了农产品的销售渠道，提高了市场的透明度，提升了农业供应链的整体竞争力和抗风险及应对能力。这一阶段的政策实施标志着中国农业供应链由初级整合向深度融合与创新的转变，为实现现代农业和高质量发展奠定了坚实的基础。

三、农业供应链新纪元（2018年以后）

农业供应链的新纪元阶段表现为农业供应链的现代化、智能化和高效化。进入农业供应链的新纪元，中国正面临一个重要的经济转型。这一转型期伴随着环境和资源的日益紧张，土地、劳动力和资本的成本不断攀升，迫使企业不仅要加大研发投入，推动产品和服务的升级，还要灵活应对市场的快速变化和日益增长的消费需求。

在应对这些挑战的过程中，传统的农业供应链显示出其结构性的弊端，特别是在流通效率低下和运营成本高企方面。这些问题的存在严重阻碍了农业产业的可持续发展和国内外市场的竞争力。

农业供应链的现代化已成为国家战略的核心内容。通过一系列政策导向和结构性改革，中国正致力于构建一个更加高效、透明和可持续的农业供应体系。这包括推广智能化和自动化的物流系统、优化供应链设计、提高资源配置的效率，以及加强国内外市场的整合。此外，政府也在积极推动农业供应链的绿色转型，鼓励采用环保技术和方法，减少农业生产和流通过程中的环境足迹。

这些努力的综合效应已经使农业供应链成为推动中国农业现代化和实现国家食品安全战略的关键驱动力。未来，随着技术的进一步进步和市场环境的优化，农业供应链有望在全球范围内提升其竞争力，为中国乃至全球消费者提供更加安全、健康、可靠的农产品。整体而言，农业供应链的演变不仅是对技术和市场变化的响应，还深刻反映了政策导向在塑造国家农业战略中的决定性作用。

第三节　农业供应链管理的意义与挑战

农业供应链管理涉及对农产品生产、采购、包装、加工、销售和配送过程中信息流、物流和资金流的全面监管和协调，其目标是提高效率、降低成本，进而改善农产品质量和提升产品附加值。该过程在现代农业中具有极其重要的意义，但同时也面临着诸多挑战。

农业供应链管理的意义首先体现在其对效率和成本的优化上。通过对各环节操作的精细化管理，农业供应链管理能够显著减少浪费和损耗，提升整个供应链的运行效率。有效的供应链管理不仅能够确保资源的最优配置，还可以使生产和流通过程更加顺畅，从而显著降低运营成本。研究表明，通过更有效的成本控制，公司可以比单纯通过增加销售更快、更高效地实现其利润目标。[①] 其次，农业供应链管理在改善农产品质量和提升附加值方面也具有重要作用。通过对生产、加工、运输和储存各个环节的严格质量控制，农

---

① Zutsara F. Supply chain management in agricultural industry [J]. Journal La Lifesci, 2021, 2 (6): 18-24.

业供应链管理能够确保产品的高品质。供应链的品牌建设和市场推广也能显著提升农产品的附加值,使其在市场中更具竞争力。这种提升不仅有助于满足消费者对高质量产品的需求,还能够为企业带来更高的经济回报;农业供应链管理还对可持续发展起到了重要的推动作用。最后,现代农业供应链管理强调环保生产方式和减少浪费,通过这些措施推动农业的绿色发展。这不仅有助于保护环境,还能满足消费者对健康和安全食品的需求,提高企业的社会责任形象。① 在全球对可持续发展需求日益增加的背景下,这种管理方式的重要性越发凸显。

然而,农业供应链管理也面临诸多挑战。第一,基础设施和市场整合的不足是限制农业供应链效率的重要因素。许多地区特别是发展中国家,农业市场基础设施落后,市场整合度低,严重影响了供应链的整体绩效。例如,印度的农业供应链就面临着基础设施和市场整合不足的问题。② 这种局面需要通过政策支持和基础设施建设加以改善,以提升供应链的整体效率。第二,农业生产具有季节性、易腐性和受天气影响大的特点,这使农业供应链面临更多的风险和不确定性。管理这些不确定性需要复杂的定量模型和策略,以提高供应链的弹性和应对能力。处理不确定性的定量建模方法在农业供应链管理中得到了广泛应用,这些方法能够帮助提高农业供应链的效率、响应能力和市场竞争力。第三,虽然现代技术如物联网、区块链和大数据在提高供应链效率方面具有巨大潜力,但其实施仍面临巨大挑战。这些技术的应用需要大量的资金投入和技术支持,而许多小型农户和企业缺乏相应的资源和能力来采用这些新技术,技术与数据管理的有效实施对提升农业供应链的现代化水平至关重要。第四,政策和市场环境的影响也是农业供应链管理中不可忽视的因素。政府政策的支持和市场环境的稳定对供应链的有效运行至关重要。然而,政策的不确定性和市场波动常常给供应链管理带来挑战,这需要企业具备高度的灵活性和应变能力。政策和市场环境的优化是提升农业供应

---

① Kamble S S, Gunasekaran A, Gawankar S A. Achieving sustainable performance in a data-driven agriculture supply chain: A review for research and applications [J]. International Journal of Production Economics, 2020, 219: 179 – 194.

② Gardas B B, Raut R D, Cheikhrouhou N, et al. A hybrid decision support system for analyzing challenges of the agricultural supply chain [J]. Sustainable Production and Consumption, 2019, 18: 19 – 32.

链效率的重要保障。

总体而言，农业供应链管理在提高效率、降低成本、改善农产品质量和推动可持续发展方面具有重要意义。然而，面对基础设施和市场整合不足、不确定性和风险管理、技术应用和政策环境等方面的挑战，必须通过不断优化和创新供应链管理模式来应对。只有这样，才能显著提升农业供应链的效率和绩效，进而推动农业的持续健康发展。

第四节　国际农业供应链发展概况

随着全球化的不断深入，国际农业供应链已成为连接全球市场与地方生产者之间的重要桥梁。各国农业供应链的发展不仅体现了技术进步和经济一体化的趋势，也反映了对食品安全、可持续发展和市场需求变化的响应。

在北美，尤其是美国和加拿大，农业供应链高度现代化和机械化，强调效率和规模经济。[①] 这些国家的农业供应链管理深受技术创新的推动，例如精准农业、大数据分析和物联网技术的应用，使农业生产更加高效且资源利用更加优化。此外，跨国公司在这一地区扮演着重要角色，通过整合上下游资源和优化全球分销网络，北美的农业供应链得以在全球市场中保持领先地位。

欧洲的农业供应链则更为注重环境可持续性和食品质量，严格的食品安全和质量标准在欧盟内部得到了强制执行。欧盟的共同农业政策（CAP）推动了一系列支持农业发展的措施，[②] 例如资助有机农业和推广环境友好型农业技术。此外，欧洲近年来逐渐流行的短链供应模式通过减少中间环节，直接连接生产者与消费者，不仅提升了食品的新鲜度，还提高了供应链的可追溯性和透明度。

在亚洲，尤其是中国和印度等农业大国，农业供应链正在从传统模式向现代化模式迅速转变。这一过程中，政府的政策支持、投资和技术创新起到

---

① 陈学庚，温浩军，张伟荣，等. 农业机械与信息技术融合发展现状与方向[J]. 智慧农业，2020（4）：1.
② 孙文华，陆岷峰. 促进共同富裕：搭建针对新型农业经营主体的普惠金融体系[J]. 当代经济研究，2024（3）：116-128.

了关键作用。例如，中国通过实施农业现代化战略，发展冷链物流和电子商务平台，使农产品能够更快速、有效地到达消费者手中。① 然而，亚洲一些国家仍面临供应链中小农户多、信息不对称等挑战，这也限制了供应链的整体效率。非洲的农业供应链呈现多样化特征，但普遍面临基础设施不足和资金限制的挑战。近年来，多国政府和国际机构投入资源试图改善这一状况，如通过支持农业合作社、发展农业金融服务和改进交通物流网络。在一些地区，移动支付和信息技术的应用有助于加强供应链管理和市场接入，这为非洲农业供应链的现代化提供了新的可能性。②

在拉丁美洲，如巴西和阿根廷，农业供应链的特点是强大的出口导向性，特别是在大宗商品如大豆和牛肉的生产和出口方面。③ 这些国家通过发展高效的物流系统和港口设施，优化出口流程，进一步加强了其在全球市场的竞争力。然而，拉丁美洲国家也面临着在农业发展与环保之间平衡的挑战，特别是在亚马孙雨林等生态敏感区域。

由对这些地区农业供应链发展的分析可以看出，尽管全球农业供应链在效率和质量的追求方面存在共性，但因地理、政治和经济环境的不同，各国的农业供应链也展现出显著的区域特色。北美和欧洲的农业供应链更加现代化和规范化，强调科技应用和可持续发展，而亚洲和非洲则处于农业供应链现代化转型的关键时期，面临着独特的挑战和机遇。这些特点和挑战共同塑造了各国农业供应链的独特发展路径，对全球农业生产和市场竞争力产生了深远影响。

第五节　农业供应链与全球化趋势的关系

全球化是当代世界经济的一个显著特征，它深刻影响了国际贸易、资本流动、技术交流以及文化传播。农业供应链在全球化的浪潮中扮演了至关重

---

① 翟羿蒙. 区块链背景下的可持续电子农业的 PEST 研究：来自供应链管理创新的视角 [J]. 湖北农业科学，2023（1）：196.
② 张其仔. 产业链供应链现代化新进展，新挑战，新路径 [J]. 山东大学学报（哲学社会科学版），2022（1）：131-140.
③ 赵慧敏，吾际舟，赵瑞雪，等. 巴西农业生产增长因素分析及对中国的启示 [J]. 农业展望，2024（6）：52-58.

要的角色，其发展不仅促进了农产品的跨国流通，也推动了农业技术和管理模式的全球普及。

一、全球市场的整合

随着全球化的加速，贸易壁垒逐渐降低，市场日益开放，农业供应链的发展已经跨越国界，形成了全球化的网络结构。这一趋势显著加强了世界各国和地区间的农产品贸易，进而推动了农业生产的专业化与规模化。[①] 例如，拉丁美洲的巴西和阿根廷依靠其广阔的耕地和适宜的气候条件，已经成为世界上重要的大豆出口国。而东南亚国家，特别是泰国和越南，以其独特的地理和气候优势，成为水果和稻米的主要出口国。

全球市场的整合不仅促进了国际贸易的活跃，也优化了全球资源的配置。各国根据自身的比较优势投入最适合的农业生产活动中，例如澳大利亚和新西兰在乳制品和羊肉[②]的生产上占据优势，而中东国家则在干果的生产上具有独特的地位。这种优化带来了农业生产效率的整体提升，并通过规模化生产满足了全球市场日益增长的需求。

全球市场的整合还推动了技术和创新的普及，各国农业生产者不仅通过出口获取了更大的市场，同时也通过引进先进的农业技术和管理经验来提高本国的农业生产能力和效率。例如，精准农业技术和自动化设备的应用，已经在北美和欧洲取得显著成效，并逐渐被其他国家借鉴。

然而全球市场的整合也带来了一系列挑战，如市场价格波动的增加、对环境的压力以及对小规模农户的影响。国际市场对农产品价格的敏感性增加，使农民的收入更加依赖于全球市场动态，这对于那些依靠农业为生的小农户而言尤其具有挑战性。

全球市场的整合提供了优化生产和扩大市场的机会，同时也要求各国政府、国际组织和农业生产者共同努力，不仅要追求效率和利益的最大化，还要确保可持续性和公平性，以实现全球农业供应链的长期健康发展。

[①] 王祥，强文丽，牛叔文，等. 全球农产品贸易网络及其演化分析［J］. 自然资源学报，2018 (6)：940-953.
[②] 陈茹暄，冀露，张淑荣，等. 全产业链视角下中国奶业贸易现状［J］. 中国乳业，2022 (2)：2-7.

二、技术和知识的传播

全球化极大地促进了农业技术和知识的跨国流动,这一进程不仅为全球农业生产力的提升提供了动力,同时也推动了农业科技创新和知识共享的全球化。随着国际合作和交流的加强,先进的农业技术如转基因技术、水肥一体化系统、智能农机以及精准农业[①]等被广泛传播和应用,显著提高了作物产量和质量,优化了资源利用,减轻了环境负担。

在这一过程中,国际农业研究机构及跨国农业企业扮演了至关重要的角色。这些机构和企业通过资助研究项目、组织国际会议和研讨会,以及与发展中国家的农业组织合作,有效推动了全球农业知识的整合和科技的传播。此外,它们还通过建立研发中心和实验室,推动了农业技术的本地化适应,使不同国家和地区的农民能够根据当地的具体条件和需求,选择和应用最合适的技术。

技术和知识传播的不均衡可能加剧了发达国家与发展中国家之间的技术鸿沟。高成本的先进技术往往不易被低收入国家的小规模农户所承担,这限制了这些技术的广泛应用和普及。为了确保全球农业技术的公平利用和持续发展,国际社会要更加注重技术的可接受性和普及性,设计更加包容和支持性的政策和措施,以促进所有国家尤其是发展中国家的农业发展。

通过这一系列的改革和创新,全球农业供应链不仅展现了显著的技术进步和效率提升,也在应对全球食品安全和可持续发展挑战方面发挥了关键作用。未来,随着全球农业面临的挑战日益复杂多变,国际合作和技术交流的重要性将更加凸显,全球农业供应链的进一步发展将依赖于这些先进技术和知识的有效整合与普及。

三、对农业政策的影响

全球化对各国农业政策的影响深远且多维。在全球市场竞争日益激烈的背景下,各国政府被推动着不仅要维护国内农民的利益,还需提升本国农产

---

① 闫丽新,谷云峰. 农业科技影响农业现代化的路径分析[J]. 现代农业科技,2023(5):194–197.

品在国际市场上的竞争力。为了达到这一目标,各国普遍采取了一系列政策工具,包括但不限于财政补贴、税收优惠、科研投入增加以及贸易便利化措施。

财政补贴通常用于支持农民的生产活动,减轻他们面对国际市场波动时的经济压力。这种补贴有助于保证农民在国际价格下跌时仍能维持生产,从而保障国内食品安全和市场稳定。税收优惠则鼓励农业企业投资新技术和扩大生产规模,增强其在全球市场中的竞争力。

科研投入的加大是各国响应全球化的另一关键策略。通过支持农业科技发展,国家能够促进创新、开发新品种和提高农业生产效率。这些进步不仅提升了农产品的质量和产量,也使农产品能够更好地适应国际市场的需求。

贸易便利化措施如简化出口进口程序、降低关税壁垒等,都旨在缩短农产品从田间到市场的时间,减少交易成本,使国内农产品能更有效地进入国际市场。这种政策不仅有助于本国农产品的外销,也有助于引进国外的高质量农产品,提高国内消费者的福利。

然而这些政策的制定和实施也需谨慎,以防止过度保护或市场扭曲。例如,过高的补贴可能导致国际贸易争端,税收优惠过度可能影响国家财政健康。因此,各国需要在保护国内利益与遵守国际规则之间寻找平衡,确保其政策既促进了农业的可持续发展,也符合全球贸易的公平原则。

总体而言,全球化要求国家在制定农业政策时考虑更广泛的国际因素,以确保其农业部门不仅能够应对国内的挑战,也能有效地融入全球市场。通过这些综合政策的实施,国家不仅能够保护本土农业,还能在全球农产品市场中占据有利位置。

四、可持续发展的挑战

全球化虽然为农业供应链带来了巨大的机遇,如市场扩展、技术进步和经济规模的增加,但它同时引发了一系列可持续发展的挑战,尤其是资源过度开发、环境污染和生态系统破坏等问题。这些挑战对农业的长期可持续性构成了严重威胁,需要通过全球合作和创新解决方案加以应对。

在全球化的推动下,农业生产不断向高强度和大规模倾斜,以满足全球市场的需求。这种生产模式虽然短期内能够显著提升产量,但常常以牺牲土壤健康、水资源和生物多样性为代价。过度的灌溉和化肥使用不仅消耗了大量水资源，还可能导致土壤退化和水体富营养化。农业生产中广泛使用的化学品如农药和肥料，如果管理不当，会对环境造成长远的污染。值得注意的是，化学残留可以渗透到土壤和水源中，破坏当地的生态系统，甚至通过食物链对人类健康造成威胁。

为了扩大耕地，森林砍伐、湿地排干等行为在全球范围内普遍存在，直接导致了生物栖息地的丧失和生物多样性的下降。例如，亚马孙雨林的部分砍伐是为了种植大豆和牧场扩张，虽然这种做法短期内增加了农产品的供给，但对全球气候和生物多样性产生了长久的负面影响。

面对这些挑战，全球农业供应链的可持续发展需要更加重视环境保护和社会责任。采用更环保的农业技术，推广可再生能源和水资源的高效利用，加强国际合作，制定和实施全球标准和政策，这些措施都是确保农业生产既能满足当前的市场需求，也不损害未来世代生存环境的关键策略。只有通过国际社会的共同努力和创新政策的实施，全球农业供应链才能在充分利用全球化带来的机遇的同时，有效克服可持续发展的挑战，保证全球农业的健康和长远发展。

综上所述，农业供应链与全球化趋势紧密相连。全球化不仅重塑了农业供应链的结构和功能，也对农业生产方式、国际贸易规则及全球农业政策产生了深远的影响。面对全球化带来的机遇与挑战，各国需要通过国际合作与政策创新，推动农业供应链朝高效、可持续和公平的方向发展。

第二章　供应链韧性概念与重要性

现阶段，我国农业产业供应链韧性的不足显而易见，面临的主要挑战包括供应链规模化发展程度低、产业基础薄弱、供应链条不完整、创新能力不足以及人才短缺等。[①] 正如党的二十届三中全会所强调的，发展产业链供应链并提升其韧性是当前及未来一个重要的发展方向。本章将深入探讨供应链韧性的定义与深层含义，阐释农业供应链韧性的重要性，探讨韧性与可持续发展之间的密切关系，分析影响供应链韧性的多个关键因素，并通过具体案例揭示如何在农业供应链管理中有效地应用韧性理论。

第一节　供应链韧性的定义与内涵

"韧性"这一概念在学术和实践领域中备受关注，通常用于描述系统或个体在经历外部冲击或扰动后，其恢复至原始状态的能力。[②] 这一定义强调了在不可预测的变化或压力面前，保持或迅速回归到稳定状态的重要性。韧性不仅涉及恢复力，也包括适应力，即在遭受挑战后，系统或个体如何有效调整自身结构或功能，以改善未来的应对能力和整体稳定性。在经济学和产业经济学中，其含义和应用范围经历了显著的演变和扩展。在经济学领域，经济韧性首次被描述为经济系统在面对外部冲击时的反应与表

[①] 李萍，任振诚，宋晓松. 数字农业提升农业产业供应链韧性对策研究 [J]. 山西农经，2023（8）：44－46.
[②] 何亚莉，杨肃昌. "双循环"场景下农业产业链韧性锻铸研究 [J]. 农业经济问题，2021（10）：78－89.

现。① 经济韧性强调的是资源的合理利用和持续自我升级的能力，② 这些因素是支持经济体持续发展和适应环境变化的关键。

"韧性"的概念被进一步应用于产业链研究中，产业链韧性主要体现为对内外部风险的维稳和抗压能力。③ 这一能力对于确保产业链在面临各种不确定性和潜在风险时的稳定运作至关重要。

产业韧性进一步被细分为三种核心能力：抵抗力、恢复力和创新力。④ 抵抗力描述了产业在面临自然灾害、市场波动等外部压力时的稳定性；恢复力关注的是产业在遭受打击后恢复到正常运营状态的速度和效率；创新力则突出了产业在逆境中发掘新机会和发展新路径的能力。这三种能力的综合反映了产业或产业链在持续变化的环境中的竞争力和持久发展能力。

供应链韧性可以定义为供应链在遭受各种内外部冲击时的应对能力。包括气候剧变、物流限制、政策变化、价格波动以及国内外市场供需变动等因素引发的挑战。具体而言，供应链韧性指的是在面对这些挑战时，供应链能够维持其稳定性，迅速恢复到原始的运行状态，甚至能够在危机中寻找机会，实现供应链的升级和转型。⑤ 抵抗力描述了产业在面临自然灾害、市场波动等外部压力时的稳定性；恢复力关注的是产业在遭受打击后恢复到正常运营状态的速度和效率；创新力则突出了产业在逆境中发掘新机会和发展新路径的能力。这三种能力的综合反映了产业或产业链在持续变化的环境中的竞争力和持久发展能力。

供应链韧性可以定义为供应链在遭受各种内外部冲击时的应对能力，这包括气候剧变、物流限制、政策变化、价格波动以及国内外市场供需变动等因素引发的挑战。具体而言，供应链韧性指的是在面对这些挑战时，供应链

---

① Reggiani A, De Graaff T, Nijkamp P. Resilience: An evolutionary approach to spatial economic systems [J]. Networks and Spatial Economics, 2002 (2): 211 - 229.
② 魏丽莉, 张晶. 中国共产党领导下所有制变革推进经济韧性提升 [J]. 上海经济研究, 2021 (5): 5 - 18.
③ 段浩. 新冠疫情对我国产业链韧性的压力测试及应对举措 [J]. 中国工业和信息化, 2020 (3): 94 - 96.
④ 田雅群, 何广文, 范亚辰. 数字金融提升乡村产业韧性的典型案例和优化路径 [J]. 西南金融, 2022 (9): 57 - 68.
⑤ 瞿英, 段祯. 新农村背景下农产品供应链韧性影响因素研究 [J]. 中国物流与采购, 2023 (11): 47 - 48.

能够维持其稳定性，迅速恢复到原始的运行状态，甚至能够在危机中寻找机会，实现供应链的升级和转型。本书进一步细化了供应链韧性的定义，将其视为供应链系统在遇到外部冲击和内部扰动时，展现出的迅速恢复、调整和适应的综合能力。这种韧性不仅体现在供应链对突发事件的即时响应和恢复效率上，也包括其在持续的市场和环境压力下表现出的灵活性、适应性以及可持续性等特征。供应链韧性是一个多维度的概念，涵盖了从风险识别和管理到应急响应以及长期战略调整的整个过程，这使得供应链能够在不断变化的全球环境中保持竞争力和效率。

供应链韧性的核心内涵可以包括四个方面。

（1）响应性：是指供应链对突发事件（如自然灾害、市场崩溃或政治变动等）的迅速反应能力。有效的响应性能够最大限度减少这些事件对正常运营的影响，保证供应链尽快回到功能正常状态。

（2）恢复力：指供应链在经历冲击后，能够尽快恢复到事故发生前的运营水平。这不仅需要物流和生产的迅速恢复，也包括市场信任和供应链各方之间协作的快速重建。

（3）灵活性：指供应链在面对需求波动、供应中断或新技术的应用时，能够进行有效调整的能力。灵活的供应链可以通过调整生产线、改变供应源或采用新的分销策略来应对变化。

（4）适应性：关注供应链在长期面对市场趋势变化、政策调整或技术革新时的适应和发展能力。这需要供应链不断创新和优化操作，以维持其竞争力和市场地位。

供应链韧性是确保供应链在不断变化的全球环境中保持高效和稳定的关键因素。通过深入理解和系统地强化这些韧性维度，企业可以更好地准备和应对未来的挑战，确保供应链的可持续发展。

第二节　农业供应链韧性的重要性与价值

产业振兴是全面推进乡村振兴的关键，而农业产业链韧性是保障农业供给、提升农产品价值、推动农业现代化的关键内容，要构建并强化更具韧性的农业产业链体系，进一步提升农产品价值链，以确保粮食等供应安全，推动农民增收增益。农业供应链的韧性对于保障粮食安全、促进农民增收以及推动农业产业高质量发展显得尤为重要。这种韧性体现为在面对外部冲击，如自然灾害和市场波动时，农业供应链能够维持稳定运作和持续发展的能力。

农业供应链的高度韧性能够确保在自然灾害或市场波动情况下，粮食供应链能够迅速恢复生产和分配，减少对消费者的影响。例如，通过加强粮食仓储和物流体系，可以在粮食短缺时期保证供应，防止突发事件导致的严重粮食危机。这种策略不仅保证了粮食供应的连续性和稳定性，还通过市场机制调节，保持了粮食价格的相对稳定，从而有效避免了市场恐慌和投机行为的发生。

提升农业供应链的韧性有助于稳定农民收入。在全球化的市场环境中，农民往往面临价格波动和市场准入的双重压力。通过优化供应链管理，农民可以更有效地连接到国内外市场，提高产品销售额。高效的供应链系统也支持农业多样化，鼓励农民发展辅助业务，如乡村旅游和加工业，这些业务有助于增加农民的收入来源，减少他们对单一农产品价格波动的依赖。

在推动农业现代化的过程中，供应链的韧性也扮演了不可或缺的角色。农业供应链通过引入新技术、新业态和新模式，如智能农业系统和生物技术，不仅提升了生产效率和产品质量，还促进了价值链的延伸和提升。例如，使用物联网技术监控作物生长状况和环境变化，可以帮助农民及时调整管理策略，提高应对突发自然灾害的能力。通过与农业科研机构和高校的合作，农业供应链可以快速吸收和应用新的科研成果，推动农业技术的创新和应用。

韧性强的农业供应链还能有效应对各种不可预见的风险。这包括建立灵活的应急响应机制和强化农业保险体系，确保在发生严重自然灾害或市场变动时，农业生产和供应链能够迅速恢复，保持生产和市场供应的稳定。例如，多数农业大国都建立了国家级的粮食储备系统和灾害预警系统，这些系统能够在灾害发生初期进行快速反应，最大限度地减少灾害对农业生产和市场的影响。

为了进一步提升农业供应链的韧性，需要采取一系列综合措施。首先，加强农业基础设施建设。如改善灌溉系统、运输网络和仓储设施，这些都是确保农业生产持续性和效率的基础。其次，提高农业生产技术和管理水平。

通过引入高效的种植和养殖技术，提升农产品的产量和质量。再次，优化粮食仓储和物流体系。通过建立现代化的物流中心和运输网络，减少农产品从田间到餐桌的损耗。最后，积极利用新一代信息技术。如大数据、人工智能和区块链，这些技术可以提高供应链的透明度和追踪能力，增强整个供应链的管理效率和响应速度。

总之，农业供应链的韧性不仅关乎粮食安全和农民福祉，也是推动农业可持续发展和现代化的重要战略。通过综合运用政策支持、技术革新和市场机制，可以有效提升供应链的整体韧性，实现农业产业的可持续发展。这一过程需要政府、企业和科研机构的共同努力，以形成一个互利共赢的农业发展新模式。

第三节　供应链韧性与可持续发展的关系

供应链可持续发展则是在供应链管理中，综合考虑经济、社会和环境三个方面，确保供应链的长期稳定和可持续发展。这需要平衡供应链的效率、韧性和可持续性，以满足客户需求，同时降低对环境和社会的影响。供应链韧性与可持续发展之间的关系是相辅相成的。在现代经济体系中，企业和产业不仅要关注经济效益，还需考虑环境保护和社会福祉。供应链韧性强化了这些元素的协调，确保在面对环境变化和市场动荡时，供应链不仅能够持续运作，而且能够调整和优化资源使用，减少环境负担，支持社会的整体稳定。

一、韧性与环境保护

供应链韧性在环境保护方面扮演着至关重要的角色，通过精心设计的物流和优化生产过程，供应链韧性大幅降低了能源消耗和废物生成。有效的物流规划可以显著减少运输过程中的碳足迹，通过优化配送路线和使用更高效的运输工具来减少燃油使用和碳排放。在生产环节，采纳环保技术和可再生能源的应用进一步减轻了对环境的负担，如使用太阳能、风能等清洁能源替代传统化石燃料，以及实施节水和节能的生产技术。

韧性供应链倡导并实践循环经济的原则，强调资源的最大化利用和循环再利用。推广废物回收和再利用策略，有效减轻了工业活动对环境的压力，并促进了资源效率的提升。这种做法不仅降低了生产成本，还有助于减少工业废弃物的环境污染问题，从而在推动经济效益的同时，也保护了生态系统的健康和可持续发展。

通过这些综合措施，韧性供应链不仅支持了企业的环境责任目标，也为整个社会的环境可持续发展作出了重要贡献。这种方法显示了现代供应链管理在实现环境保护和商业成功之间不仅不矛盾，而且可以相得益彰，为企业创造出一条既环保又经济的发展道路。

二、韧性与经济效益

供应链韧性在确保经济稳定性和增强市场反应能力方面发挥着关键作用。在面对经济波动或外部冲击（如自然灾害、市场危机或政治不确定性）时，具备高韧性的供应链能够保持操作的连续性，确保企业能够持续运营而不受到重大干扰。这种连续性对于维护市场稳定、保护投资和保障就业非常关键，因为它帮助企业避免了因停工或生产中断而造成的直接经济损失。

一个韧性强的供应链能够通过灵活适应市场需求和环境变化，迅速调整生产计划和销售策略，从而减少因市场不确定性带来的风险。例如，在面对原材料短缺时，韧性供应链可以快速寻找替代供应源或调整产品线，减少对单一供应商的依赖。通过有效的风险管理和高效的资源配置，韧性供应链不仅能够降低运营风险，还能优化生产成本和提高资源利用率，增强企业在激烈的市场竞争中的立足点。

在提高企业市场竞争力方面，韧性供应链通过确保供应的可靠性和响应市场变化的速度，帮助企业建立起客户信任和市场声誉。这种策略不仅有助于在经济下行期保持客户基础，还能在市场复苏时迅速扩大市场份额。供应链的韧性不仅是企业战略规划的一部分，更是一种长期的投资，对于推动企业的可持续增长和长远发展至关重要。

供应链韧性与经济效益之间的联系表明，强大的供应链管理是现代企业成功的关键。通过增强供应链的韧性，企业不仅能够应对短期的经济挑战，还能在全球竞争中保持领先，实现长期的经济效益和市场优势。

三、韧性与社会责任

韧性供应链在支持企业承担社会责任方面起到了关键作用,通过在供应链管理中融入社会责任实践,企业不仅能够增强其品牌价值,还能促进社会整体福祉的提升。在供应链各环节中考虑到公平贸易、劳工权益保护和社区参与等因素,企业展现了对社会责任的承诺。这种做法不仅有助于建立消费者信任,还能强化与供应链伙伴的合作关系。

例如,通过确保供应链中的工人获得公正的待遇和工作条件,企业不仅遵守了国际劳工标准,还提升了员工的满意度和生产效率。这种对员工福利的投资,虽然短期内可能增加成本,但长远来看,可以减少员工流动率,提高工作效率,从而增强供应链的整体稳定性和效率。此外参与社区建设和支持当地发展项目可以帮助企业在其运营地建立良好的公共关系,这种地方根植性使企业能够在市场中获得更深层次的认可和支持。

在全球化的经济环境下,企业面临的不仅是经济竞争,更是品牌形象和社会责任的挑战。韧性供应链通过提供稳定可靠的供应保障,支持企业在面对社会和环境挑战时做出快速反应,如在自然灾害或危机情况下快速调整供应策略,以减少对受影响社区的冲击。韧性供应链还促进了环境保护和可持续资源利用,通过减少废物和污染,支持环境的长期健康。

总而言之,韧性供应链不仅是企业抵御外部冲击和维护经济效益的工具,更是企业履行社会责任、提升社会价值的重要手段。通过实施韧性供应链,企业不仅能够保证生产的连续性和市场供应的稳定,还能在促进经济效益的同时,增进社会福祉,实现经济、社会和环境三方面的可持续发展。

第四节 供应链韧性的影响因素与维度

在农产品供应链的研究中,深入探索影响韧性的关键因素对于构建一个稳定且高效的供应链系统极为重要。为了全面理解农产品供应链的韧性,从多个维度进行分析。这些维度包括货源的稳定性、市场需求的动态变化、信息传递的有效性、参与各方之间的沟通与合作、物流运输的效率以及外部环境的影响（如表 2-1 所示）。

表 2-1　　　　　　　影响农产品供应链韧性的主要因素

维　　度	影响因素	简　　述
货源	农产品数量 农产品质量	农产品的数量 农产品的质量
信息传递	信息不对称 信息准确性 信息共享	信息传递中的不对称性 信息传递准确性 信息的共享程度
物流运输	价格波动 利益分配 货物延迟	物流运输中的价格波动 物流运输中的利益分配 物流运输中的货物延迟
市场需求	市场不确定性 消费者偏好	市场需求的不确定性 消费者的偏好
沟通合作	合作机制 道德风险 地域文化	沟通合作中的机制 沟通合作中的道德风险 地域文化对沟通合作的影响
外部环境	产品损失 经济环境 政策变动 自然因素	外部环境中的产品损失 外部环境中的经济环境 外部环境中的政策变动 外部环境中的自然因素

资料来源：姜磊磊. 农产品供应链韧性的影响机制及适应性研究 [J]. 山东农业工程学院学报, 2024 (6): 70-74.

本书基于影响因素之间关系的邻接矩阵，运用层次划分原理，对农产品供应链中的韧性影响因素进行了系统化的分析。通过此方法，将 17 个关键影响因素有效分类，并将它们组织成五个不同的层次，以展示这些因素在供应链中的相互作用及影响程度。这种层次结构的划分清晰地揭示了各因素在维护供应链稳定性和提升运作效率方面的作用，展现了它们的重要性及各自在供应链中的具体位置。

进一步层次化分析能够构建出一个农产品供应链的解释结构模型（ISM）。该模型揭示了各影响因素的层级关系和作用机制，其中位于模型上层的因素直接影响供应链韧性的表现，因而被划分为"表现层"影响因素（如图 2-1 所示）。这些因素具有较高的影响权重，直接决定了供应链的响应能力和适应性。相反，位于模型底层的因素则通过影响上层因素来间接作用于供应链韧性，显示出它们在供应链中的根本性作用和长远影响。

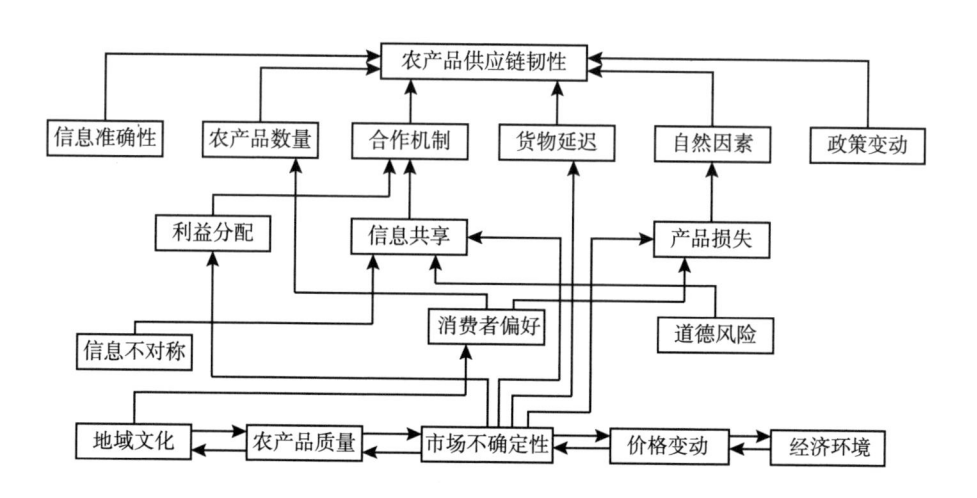

图 2-1　农产品供应链 ISM 模型

资料来源：姜磊磊. 农产品供应链韧性的影响机制及适应性研究 [J]. 山东农业工程学院学报，2024（6）：70-74.

一、货源与市场需求

在农产品供应链管理中，货源与市场需求的协调是至关重要的。农产品的数量和质量构成了货源管理的核心，它们不仅直接影响供应链的供需平衡，还决定了产品在激烈的市场竞争中的地位。高质量的农产品因其优异的品质和较长的保质期，通常受到市场的高度认可。这不仅有利于保持稳定的销售和供应，还能显著减少供应链中的浪费和损失，从而提高整个供应链的资源利用效率。①

市场的不确定性和消费者偏好的快速变化是供应链管理中的另一大挑战。市场需求的动态变化要求供应链系统展现出极高的适应性和灵活性，以便能够迅速响应并有效适应市场环境的变动。这种适应能力不仅涉及对现有市场

---

① 王晓锋，王梦玲，肖莉莉. 考虑保鲜努力的农产品供应链减排与契约研究 [J]. 工业工程，2023（6）：57-65.

情况的快速反应，还包括对潜在市场变化的预测和准备，确保供应链在不断变化的市场条件下能够持续运作，减少潜在的风险和损失。

货源与市场需求的有效管理是提升供应链韧性的关键。通过优化农产品的数量和质量管理，以及增强对市场变化的适应性和预见性，可以极大地提高供应链的稳定性和效率，进而支撑农业供应链在面对多变市场和外部冲击时的持续发展和竞争力。

二、信息传递与沟通合作

在农产品供应链管理中，信息传递与沟通合作是维持供应链韧性的核心要素。有效的信息传递依赖于信息的对称性、准确性和共享程度，这些因素共同决定了供应链决策的有效性及其运作的协调性。信息的不对称性可以导致决策失误，而信息的准确传递是确保供应链效率和响应能力的关键。例如，准确且及时的市场需求数据可以帮助生产者调整生产计划，而有效的信息共享机制则能够消除"信息孤岛"，提高整个供应链的透明度和反应速度。[①] 合作机制、道德风险和地域文化是塑造供应链合作关系的重要因素。合作机制的健全不仅能够促进信息的流动和资源的共享，还能增强合作伙伴间的信任。对道德风险的管理和对地域文化的理解则直接影响合作伙伴间的交互质量和合作深度，从而影响供应链的整体协同效果和稳定性。在多元文化的市场环境中，对地域文化的敏感和适应能够促进更为顺畅的交流和更紧密的合作关系。

因此加强信息传递的准确性和共享程度，以及构建有效的沟通合作机制，对于提升供应链的韧性至关重要。这不仅有助于提高供应链的适应性和灵活性，还能够在面对市场变动和外部冲击时，保持供应链的稳定运作。通过这些措施，可以确保农产品供应链在挑战面前展现出更强的韧性和更高的效率，从而支持整个农业产业的持续发展和竞争力。

三、物流运输

在农产品供应链管理中，物流运输是维护供应链效率和成本效益的关键

---

① 丁雪峰，吴宇．"公司＋农户"模式下农产品精准施肥策略与合作机制［J］．工业工程，2023（6）：66．

环节。物流过程中经常面临的货物延迟和产品损失问题，不仅影响供应链的及时响应能力，还直接增加了运营成本，对整个供应链的经济性和可靠性构成挑战。

货物延迟可能由多种因素引起，包括不利的天气条件、交通拥堵、物流设施的不足或者管理上的疏忽。这些延迟会导致供应链中断，影响到下游生产的连续性和市场供应的稳定性。为了应对这些挑战，需要优化物流计划和调度策略，如采用先进的物流管理系统来实时监控货物状态和交通信息，减少不必要的延误。

产品损失则通常关联于物流过程中的包装不当、储存条件不符或是搬运过程中的操作不当。减少产品损失不仅可以提升物流运输的质量，还能有效降低成本。这要求在物流环节投入更为科学的技术和方法，例如使用适合的包装材料、维持适宜的运输条件及加强对物流人员的培训。

因此，提高物流运输的效率和减少损失是提升供应链韧性的重要方面。通过实施综合的物流策略和技术改进，可以有效地优化供应链运作，提高其对外部变动的适应性和内部管理的效率，进而促进整个供应链的健康发展和可持续性。这些措施不仅能够提高供应链的操作性能，还能增强其在面对不确定因素时的韧性。

四、外部环境

外部环境对农产品供应链的稳定性和效率具有决定性影响。这些外部因素包括经济条件、市场价格波动、政策变动、自然灾害等。它们不仅影响供应链的直接运营，还对整个农产品市场的供需平衡产生深远的影响。

价格波动是供应链管理中的一个重要外部因素，尤其是在全球化的市场环境中。农产品价格的不稳定性可以由多种因素引起，如天气变化、国际贸易政策或全球经济波动。这些波动可能对农民的收入和农业生产计划造成重大影响，进而影响到整个供应链的稳定性和效率。

利益分配也是关键因素之一，它涉及供应链中各方的经济利益如何被分配。不公平的利益分配可能导致供应链中某些环节的合作伙伴感到不满，影响其持续合作意愿，从而破坏供应链的整体协调和效率。

政策变动，尤其是政府关于农业和贸易的政策，可以对供应链的运作方式产生显著影响。政策的不确定性可能增加供应链规划的复杂性,使企业难以做出长远的投资和运营决策。

自然因素(如极端天气事件、气候变化等)对农业生产具有直接和显著的影响。这些自然事件可能导致作物失败、生产力下降,甚至影响整个地区的农业供应链结构。因此,识别和管理这些外部环境因素是增强供应链韧性的关键。通过建立灵活的供应链结构,实施风险管理策略,以及开发应对外部冲击的备份计划和多样化的供应来源,可以有效地减轻这些外部因素对供应链稳定性的威胁。这不仅有助于保护供应链免受短期冲击,还可以支持供应链长期健康和可持续发展。

通过深入分析这 17 个关键因素,本节提供了一个全面的框架来理解和提升农产品供应链的韧性。这种系统性的分析不仅有助于识别和管理潜在的风险点,还能推动供应链的优化和升级,从而支持农业的高质量发展和可持续性。通过这样的研究,可以为供应链管理提供策略建议,确保在面对未来挑战时供应链能够保持高效和稳定地运作。

第五节　韧性理论在农业供应链中的应用与实践

农业供应链的韧性已经成为全球农业领域的重要研究课题和实践方向。近年来,特别是在新冠疫情和气候变化的双重影响下,农业供应链的韧性得到了更多的关注和实际应用。在此背景下,多个成功的案例展示了韧性理论在农业供应链中的有效应用,这些案例为全球其他地区提供了宝贵的经验和借鉴。

一、印度乳制品供应链的韧性建设[①]

印度的乳制品行业在新冠疫情期间面临了严峻挑战,尤其是在运输和销售环节的中断。这一危机暴露了供应链中的诸多脆弱性,但同时也促使印度

---

① 李薇羽. 科技将彻底改变乳制品行业:11 种正在印度崛起的乳制品行业先进技术[DB/OL]. 亿欧网, https://www.iyiou.com/news/20190904111474.

政府和相关企业采取了多项措施来增强供应链的韧性。

首先,冷链基础设施的加强成为应对危机的关键。印度政府与乳制品企业携手,通过大量投资和合作,显著提升了冷链运输的能力。这些冷链系统的建设确保了乳制品在运输过程中的质量不受损,减少了因运输时间过长或高温天气造成的损失。这一举措不仅提高了产品的保质期,也增强了供应链的稳定性。

其次,数字化工具的应用显著改善了供应链的管理效率。印度乳制品行业引入了先进的在线销售平台和供应链管理系统,使各环节的信息流通更加顺畅。这些数字化工具的使用,使生产者、运输者和零售商能够更有效地协调,快速响应市场需求的变化,避免了库存积压和产品短缺的情况。数字化转型不仅提高了供应链的效率,还为行业的可持续发展奠定了基础。

再次,农户合作与协同机制的建立也在提升供应链韧性方面发挥了重要作用。印度政府和乳制品公司推动了农户之间的合作,鼓励农民加入合作社,并为其提供技术支持。这种合作模式不仅确保了牛奶供应的连续性,还增强了农民的抗风险能力,稳定了他们的收入来源。这种基于合作的模式,提升了整个供应链的适应能力,使其在面对外部冲击时更加稳固。

最后,印度乳制品行业建立的灵活应急响应机制,确保了在疫情期间任何供应链环节出现问题时能够迅速采取行动。通过这些机制,企业能够在短时间内重新调整资源分配,维持市场的持续供应。这种快速反应能力不仅帮助行业度过了危机,还为未来面对类似挑战时提供了有价值的经验。

这些措施的综合应用,使印度乳制品供应链在疫情期间展现出显著的韧性。通过冷链基础设施的提升、数字化工具的广泛应用、农户合作机制的强化以及应急响应机制的建立,印度乳制品行业成功地保持了供应链的稳定性和可持续性。这一案例为其他发展中国家提供了宝贵的经验,展示了在复杂和不确定的环境中如何通过综合性措施提升农业供应链的韧性。这种实践不仅有助于保障市场供应,还为农业产业的长期健康发展奠定了基础。

二、西非可可供应链的韧性提升[①]

西非地区作为全球主要的可可生产地，长期以来面临气候变化和市场波动带来的严峻挑战。为应对这些挑战，西非各国政府与多个国际组织合作，积极采用韧性理论来优化可可供应链。

西非各国通过推广气候适应性强的农业技术，有效减缓了气候变化对可可产量的影响。这些技术包括耐旱品种的引入、优化的水资源管理和先进的农业实践，旨在提高作物的抗逆性。通过这些农业技术的应用，可可农民不仅提高了作物的质量，还能够稳定生产，从而增强了在全球市场上的竞争力。

区域合作机制的建立也是韧性提升的重要一步。西非各国通过跨国合作，加强了在技术推广、市场准入和质量控制方面的协同。这种区域性的合作模式不仅提高了资源的利用效率，还促进了各国之间的知识共享和技术转移。通过合作，各国能够更好地应对全球市场波动，减少单个国家在市场上的脆弱性。

在市场准入和质量控制方面，西非各国采取了多项措施，以确保可可产品在国际市场上的竞争力和可持续性。通过加强农产品的质量控制体系，西非地区不仅提高了可可的整体质量，还确保了产品符合国际市场的高标准要求。这些举措帮助可可产品在全球市场上获得更高的认可度，增加了农民的收入，同时也提升了该地区可可产品的品牌价值。

这些具体措施的成功实施，使西非可可供应链在面对气候变化和市场波动时表现出了显著的韧性。通过农业技术的推广、区域合作机制的强化以及市场准入和质量控制的提升，西非可可产业不仅在全球市场上保持了竞争力，还显著改善了当地农民的生活水平。

三、哥伦比亚热带水果供应链的韧性实践[②]

哥伦比亚的热带水果供应链在应对自然灾害和市场波动时展现了显著的韧性，这充分体现了韧性理论在农业供应链中的实际应用。通过推行多元化

[①] 高聂叶子，娄志超，杨世龙，等. 世界咖啡产业竞争力评价及中国的对策 [J]. 南方农村，2023 (1)：15 – 23，31.

[②] 张悦. 全球农产品体系变革及政策研究 [D]. 大连：东北财经大学，2010：61 – 71.

种植策略，哥伦比亚有效降低了依赖单一作物带来的风险，确保了在多变的环境中，供应链的稳健性得以增强。面对自然灾害，该国建立了高效的紧急响应机制，确保农业生产能够迅速恢复，从而保障市场的持续供应。哥伦比亚在冷链物流方面进行了大规模投资，提升了水果在运输过程中的质量控制能力，确保了产品在全球市场上的竞争力。市场准入条件的改善进一步巩固了哥伦比亚热带水果在国际市场中的地位，这一举措不仅提升了产品的市场适应能力，还强化了供应链在全球范围内的稳定性。

通过这一系列的策略，哥伦比亚成功地将韧性理论转化为实际操作，使其农业供应链在面对不确定性时具备了更强的抗风险能力。这种结合理论与实践的做法，展示了如何通过系统性的策略来应对全球农业市场的复杂挑战，为其他国家在提升农业供应链韧性方面提供了宝贵的经验和可行的操作路径。

四、中国农业供应链韧性建设实践[①]

在中国，农业供应链韧性的建设逐渐成为国家政策和产业实践的核心议题。在湖南省，韧性理论被应用于提升水稻供应链的抗灾能力。通过引入耐灾品种和推广高效节水灌溉技术，湖南有效应对了气候变化的挑战。基础设施的加强和农民合作社的推广，增强了供应链的适应性和稳定性。这些举措不仅确保了水稻产量的稳定，还提升了供应链在面对自然灾害时的恢复能力。

山东省则通过数字化转型，运用韧性理论提升果蔬供应链的管理效率。大数据和物联网技术的广泛应用，使供应链能够实现全程监控与实时调度。这种技术驱动的管理方式，在疫情期间发挥了关键作用，确保了果蔬产品的持续供应，并显著提升了供应链的灵活性和应变能力。

宁夏的葡萄酒产业链展现了韧性理论在多元化发展中的应用价值。通过推动多元化种植和基础设施的持续改善，宁夏构建了一个稳健的供应链系统，能够灵活应对市场波动。品牌建设和葡萄酒文化旅游的发展进一步增强了产业链的市场竞争力和抗风险能力，展示了如何通过综合性策略提升农业供应链的韧性。

---

① 张玉梅，龙文进．大食物观下农业产业链韧性面临挑战及提升对策［J］．中州学刊，2023（4）：54-61．

以上案例证明了韧性理论在提升农业供应链应对外部冲击能力方面的有效性。通过科技创新、政策支持和产业协同，农业供应链的抗风险能力和适应性得到了显著提升，从而保障农产品的持续供应和市场稳定。在全球化背景下，借鉴这些成功的实践经验，对于提高其他地区的农业供应链韧性具有重要意义。

第二部分 我国农业产业供应链现状与分析

随着全球化和技术进步的加速，农业供应链在全球经济中的作用愈加重要。作为农业大国，中国的农业产业供应链在保障国家粮食安全和推动农村经济发展方面发挥了关键作用。面对不断变化的国际环境和国内市场需求，我国农业供应链的复杂性和面临的挑战也日益凸显。为了解我国农业产业供应链的现状，并探索提升其韧性和竞争力的路径，有必要对当前的供应链结构、特点以及面临的挑战进行系统分析。

本部分将通过对我国农业产业供应链现状的详细剖析，探讨其在全球化背景下的发展趋势和竞争力。同时基于对现状的分析，构建一套科学的韧性评估体系，并通过案例研究和实证分析，提出优化供应链韧性的具体策略。这不仅有助于提升我国农业产业链的整体竞争力，也为推动农业产业的可持续发展提供了理论支持和实践指导。

第三章　我国农业产业供应链现状

第一节　我国农业产业供应链概况

增强农业供应链的韧性是实现发展和安全动态平衡的关键。① 提升农业产业链供应链的韧性，不仅需要关注产品供应、增值空间、主体现代化、国际合作和科技发展这五个方面，② 还应推动提升国际农业合作的统筹能力、推动区域型农业合作，并积极融入全球农业产业链。③ 这些措施共同作用于增强农业供应链的应对能力，使其能在全球市场中更有效地竞争和自我保持。

我国农业产业供应链是保障国家粮食安全和经济发展的重要支撑体系，涵盖了农产品的生产、加工、运输和销售等各个环节。近年来，在国家政策的推动下，农业产业链和供应链的现代化进程显著加快，表现出从传统的分散小农模式向现代化、集约化和规模化的转变。这一转变不仅提高了农业生产效率，还促进了农产品的市场化和国际化发展。2023 年我国农业产品物流总值达到 5.3 万亿元人民币，同比增长 4.1%。④ 这一增长反映了我国农业供应链的持续扩展和稳步发展。

农业科技研发和机械化水平的提高是供应链现代化的基础。2022 年我国农业机械化率已达到 73%，相较于 2021 年提升了 1%。这一增长反映出农业生

---

① 陈宗胜，杨希雷. 共同富裕视角下全面综合测度城乡真实差别研究［J］. 财经科学，2023（1）：52 - 68.
② 马隽. 农村电子商务发展与农村富余劳动力安置问题研究［J］. 中国农业资源与区划，2016（2）：135 - 137.
③ 温辉. 我国农村电商"互联网 + 农业"创新发展策略［J］. 改革与战略，2017（6）：110 - 112.
④ 物流恢复向好质效提升：2023 年物流运行情况分析［DB/OL］. 中国物流与采购联合会，http：//www.chinawuliu.com.cn/lhhzq/202402/07/626450.shtml.

产效率的显著提高，特别是在粮食作物、养殖业和农产品加工等领域，农业机械化的推广极大地减少了人工依赖，提高了生产效率和供应链的韧性。

农业数字化与信息化的发展也为供应链的现代化提供了有力支持。2022年，全国县域农业农村信息化建设的社会资本投入达到1000亿元左右，农业数字经济渗透率达到10.5%，比上年增加了0.4%。[①] 通过大数据分析、物联网和区块链技术的应用，农产品的生产和流通效率大幅提升，同时供应链的透明度和可追溯性也得到了增强。这些技术进步不仅提高了供应链管理的效率，还为农产品的质量控制提供了技术保障。

在产业自主可控能力方面，基础农产品的稳定供应为供应链的安全和韧性提供了保障。2022年我国粮食总产量相比2021年增长了0.5%。这一成就显示出我国在粮食安全战略方面的有效落实，确保了国内粮食供应的稳定性和充足性，从而增强了农业供应链应对外部冲击的能力。

联农带农能力的提升是农业供应链稳定发展的另一重要方面。2022年，全国范围内的家庭农场和农民合作社数量分别达到390万家和222.7万个。[②] 新型农业经营主体通过与小农户的紧密合作，不仅提高了农业生产的效率，还增强了供应链的稳定性和抗风险能力。

资源可持续利用的加强有助于减少农业经济系统的运转中断风险。绿色发展理念贯穿于我国农业产业链的各个环节，促进了农业生态的内部循环和资源的可持续利用。通过发展生态农业、绿色农业和循环农业，我国农业供应链在实现可持续发展的同时，也为供应链的长期稳定提供了保障。[③]

综上所述，我国农业产业供应链在规模和效率方面取得了显著进展，但在全球化背景下，仍需在提升管理水平、加强冷链物流建设以及推进信息化等方面进一步努力。通过科技创新和政策支持，我国农业供应链的现代化进程将继续推动农业产业的高质量发展。

---

① 李萍，何瑞石，宋晓松. 有效提升我国农业产业链供应链韧性［J］. 宏观经济管理，2024（2）：61-69.
② 赵雪，石宝峰，盖庆恩，等. 以融合促振兴：新型农业经营主体参与产业融合的增收效应［J］. 管理世界，2023（6）：86-100.
③ 李义伦. 城镇化背景下的农村剩余劳动力就业途径研究［J］. 中国农业资源与区划，2017（2）：139-145，151.

第二节　主要农产品供应链的特点与结构

我国主要农产品供应链的特点和结构反映了农业生产的多样性与复杂性，这种多样性不仅体现在不同类型农产品之间，还体现在区域差异和生产模式上。

首先，我国农产品供应链呈现出显著的多层次结构。从农场到消费者，供应链包括多个环节，如农民、合作社、加工企业、批发商和零售商等。这些环节共同构成了一个复杂的网络，各层次之间的有效衔接对于确保供应链的稳定性至关重要。在农产品从生产到最终消费的过程中，通常要经过多个中间环节的处理和运输，每个环节的运作都可能对整体供应链的效率和稳定性产生深远影响。农产品的流通体系以多层级批发市场为主，这种结构虽然在一定程度上促进了农产品的广泛流通，但也带来了一系列问题。供应链条长、交叉环节多导致了物流损耗的增加，使产品质量难以保证，尤其是在易腐农产品的流通中，这种问题尤为突出。由于环节众多，因而当产品质量出现问题时，难以有效溯源，这为监管带来了巨大挑战。

信息传递的滞后性也是当前农产品供应链中面临的一大问题。价格信息传导链条过长，各环节之间的信息不匹配现象严重，导致市场信息的传递效率低下，影响了农产品的流通效率。这种信息不对称不仅影响了农产品的市场价格稳定性，还可能导致市场供需失衡，进一步影响供应链的整体效率。

其次，小农生产与现代农业并存的现象在我国的农产品供应链中尤为突出。尽管近年来我国农业现代化取得了显著进展，许多地区已经开始采用机械化和规模化的生产方式，极大提升了生产效率和供应链的管理能力，但小农生产仍然在全国范围内占据着相当大的比重。

小农户通常以家庭为单位，生产规模较小，技术水平有限，这导致了供应链中存在大量的小规模生产者。这种生产模式虽然灵活，但也带来了许多挑战。由于小农户分布广泛且分散，各自为政的生产模式使得供应链的整合和管理难度大大增加。不同的小农户之间在生产技术、生产效率和产品质量等方面存在显著差异，这种不均衡性增加了供应链的复杂性。

小农生产模式对供应链效率提出了更高的要求。小农户缺乏规模化生产的优势，他们在市场竞争中处于相对劣势，难以有效应对市场需求的变化和价格波动。分散的小规模生产者在供应链中缺乏足够的议价能力和市场影响力，这进一步限制了供应链的整体效率。

再次，区域化特点在我国农产品供应链中表现得尤为明显。这种特性主要源于各地自然条件、地理环境以及经济发展水平的差异。我国幅员辽阔，不同地区的气候、土壤和水资源等自然条件千差万别，导致各地农产品供应链在结构和运行方式上呈现出显著的区域化特征。

粮食供应链集中在东北、华北和长江流域等主要产区。这些地区以其肥沃的土壤和适宜的气候条件成为我国粮食生产的核心区域。这些地区的粮食产量高、品种丰富，供应链的上游部分——生产环节主要集中在这里，而下游的加工、储存和运输环节则随着产品的流向，分布在全国各地。

蔬菜和水果供应链则表现出明显的季节性和地域性差异。南北方的生产和供应在时间和品种上存在显著差异。南方地区气候温暖，能够全年产出多种蔬菜和水果。北方地区气候寒冷，生产集中在夏季和秋季。这种季节性生产差异导致南北方之间的供应链需要通过高效的物流体系进行衔接，以满足全年市场需求。

肉类供应链依赖于大规模养殖和集中屠宰加工，不同地区的肉类生产能力和供应链结构也有所不同。如东北和内蒙古等地区，因其广袤的草原资源，适合进行大规模的畜牧养殖，形成了完整的肉类生产供应链。而在经济发达的沿海地区，肉类供应链则更多依赖于现代化的屠宰加工企业和发达的冷链物流系统，以确保肉类产品的及时供应和质量控制。

这些区域化特点使得我国农产品供应链在不同地区表现出较大的差异性，但也因此增加了供应链管理的复杂性。各地区必须根据自身的优势和特点，优化供应链的结构和运行方式，才能在保障区域内供需平衡的同时，支持全国范围内的农产品流通与供应。

此外，物流和冷链发展不足是我国农产品供应链面临的一个重要问题。尽管近年来我国在现代物流设施方面取得了一定进展，但冷链物流体系仍存在明显的短板，尤其是易腐农产品的保鲜和运输能力方面，面临较大挑战。

我国冷链物流基础设施的覆盖范围和服务能力尚未全面达到农产品供应链的需求。冷链物流的不足直接影响了农产品的质量，许多农产品在运输过程中得不到有效的温控保护，导致其新鲜度和安全性难以保障。这不仅影响了消费者的健康和安全，还降低了农产品的市场竞争力。

冷链物流的缺失还制约了供应链的整体效率和稳定性。没有完善的冷链支持，供应链的各个环节难以实现无缝衔接，导致物流效率低下，增加了产品从产地到市场的损耗和时间成本。这种情况特别在应对市场波动和应急响应时表现得尤为明显，进一步削弱了农产品供应链的韧性和应变能力。

最后，信息化水平较低是制约我国农产品供应链现代化发展的关键因素之一。尽管信息技术在许多行业中已经取得了广泛应用，但在农产品供应链中，其应用仍然相对滞后。信息不对称的问题在供应链的各个环节中普遍存在，这不仅导致了协调效率低下，还显著增加了管理成本。

信息化水平不足，各个环节之间的沟通和协调效率低下，导致供应链无法快速响应市场需求的变化。这种低效的沟通和管理模式，使农产品在从生产到销售的过程中，难以及时调整生产计划和供应链策略，从而影响了供应链的灵活性和市场竞争力。信息不对称也使供应链管理者难以获得实时的市场信息和物流数据，增加了决策的不确定性和风险，进一步削弱了供应链的整体效能。

要实现农产品供应链的现代化发展，必须大力推进信息化建设。广泛应用大数据、物联网和区块链等先进信息技术，可以显著提升供应链各环节之间的信息共享和协同管理能力。

我国主要农产品供应链在结构和特点上体现出显著的多样性，但也面临着区域化发展不均衡、物流和信息化水平不足等挑战。随着农业现代化的推进和科技的进步，这些问题将逐步得到解决，供应链的稳定性和效率也将不断提升。

第三节　我国农产品供应链面临的挑战与问题

尽管我国农业供应链在过去几十年中取得了显著进展，但随着全球化和国内市场的复杂性不断增加，供应链仍面临诸多挑战和问题。

一、农业产品结构不健全导致供需不适配

我国农业产品结构不健全，导致了国内供需的不匹配。作为全球最大的农产品需求国，随着居民消费水平的提高和饮食结构的变化，市场对肉类、蛋类、奶制品等高附加值农产品的需求持续增长。然而在一些关键的基础农产品上，如大豆和植物油，我国仍然高度依赖进口。2022年，我国大豆的自给率仅为18%，进口量达到9108万吨；植物油的进口量为648万吨，自给率仅为29%。[①] 尽管食糖和食用油的进口量变化不大，但产量缺口依然存在（如图3-1所示）。

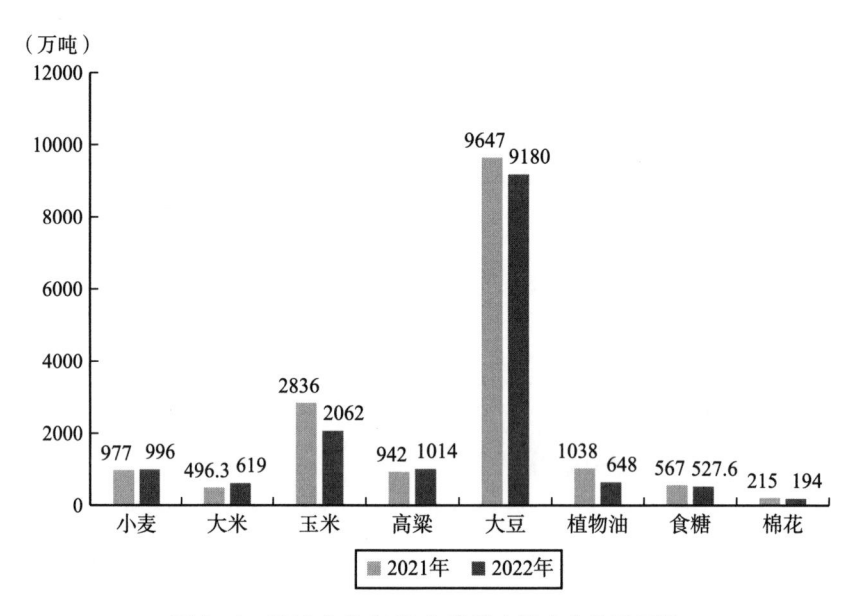

图3-1 2021年和2022年我国主要农产品进口量

资料来源：海关总署和国家统计局。

这种对基础农产品的进口依赖对国内农业生产经营的稳定性构成了严重

[①] 吴娟，周正亮，王雅鹏. 大食物观背景下中国木本粮油发展研究[J]. 粮食科技与经济，2024（1）：26-31.

威胁。依赖进口的模式使国内农产品供应链在面对国际市场波动时更加脆弱，增加了供应链中断的风险。同时国内农业生产因较高的生产成本和机会成本而难以与国际市场竞争，这进一步限制了国内农产品供应的稳定性和自主性。

要解决这一问题，亟须通过优化农业产业结构，提升国内基础农产品的生产能力，减少对进口的依赖，从而增强我国农业供应链的韧性和安全性。只有这样，才能在满足国内需求的同时，提升我国在国际农产品市场中的竞争力。

二、主体创新能力弱化，供应链的韧性和竞争力受限

我国农业的科技创新能力相对薄弱，直接影响了供应链的韧性和竞争力。这一问题主要体现在农业科技成果转化率低、科技创新投入不足上。尽管近年来国家对农业科技的支持力度有所增加，但许多涉农企业在研发投入和创新能力方面仍显不足。2021年我国涉农企业的研发经费投入为218.56亿元，占总经费支出的比重仅为5.9%。这一比例显示出农业科技投入在整个研发支出中所占比例仍然偏低，无法有效推动产业创新和提升竞争力。

在关键技术领域，如作物育种和智慧农业，我国的科技创新发展还存在显著的短板。特别是在作物育种方面，现代农业对高效、优质的作物品种依赖程度越来越高，但我国在这一领域的自主研发能力不足，研发实力较为薄弱，生物育种技术尚处于研发阶段，品种选育技术也相对落后。这些技术瓶颈限制了我国在作物育种领域的自主创新，影响了农业供应链的长期稳定性和可持续发展。

农业产业链与科技创新链的融合度较低，进一步削弱了供应链的韧性。尽管农业科技的进步应当与生产实践紧密结合，但在现实中，科技创新成果往往难以迅速转化为实际生产力，导致农业供应链在面对市场波动和外部冲击时，缺乏足够的应对能力。科技创新与产业发展的脱节现象不仅降低了农业生产效率，还限制了我国农业在全球市场中的竞争力。

为提升农业供应链的韧性和竞争力，必须加大科技创新的投入，特别是在关键技术领域的研发上需有所突破。同时应强化农业产业链与科技创新链的深度融合，确保科技成果能够快速转化为实际生产力，从而增强供应链的应变能力和长期竞争力。

三、基础要素供给不足，导致供应链不稳定

我国农业供应链的不稳定性在很大程度上源于基础要素供给的不足。农业基础设施的建设相对滞后，耕地质量、种子供应、农机装备等关键基础设施支撑不牢固，直接导致了农业生产效率和加工转化率的低下。缺乏现代化、高效的农业基础设施，意味着生产过程中的资源利用效率较低，农产品的质量和产量也无法得到有效保障，从而影响了供应链的整体稳定性。

资本投入的不足也进一步制约了农业供应链的发展。尽管国家对农业的投资有所增加，但相较于其他行业，农业的资本供给仍显不足，尤其是中小型农业企业更是面临资金短缺的困境。这种资金投入不足的情况，限制了农业基础设施的改进和现代化农业技术的推广，进而影响了供应链的可持续发展。

人才流失和农村劳动力老龄化问题也对农业供应链的长期稳定性构成了严峻挑战。随着城镇化进程的加快，大量农村青壮年劳动力向城市和工业部门转移，农业从业人员数量逐年减少，且年龄结构逐渐老化。这种趋势不仅导致农业劳动力资源的短缺，还影响了农业生产力的提升，进一步削弱了供应链的稳定性和发展潜力。

要解决这些问题，必须加大对农业基础设施的投资力度，改善耕地质量，推广优质种子和现代化农机设备。同时还需要建立有效的激励机制，吸引和留住农业人才，并通过教育和培训提高农业劳动力的整体素质。这些措施将有助于增强农业供应链的稳定性和可持续发展能力，为我国农业的长期繁荣奠定坚实基础。

四、产业分工体制失衡，供应链内部和外部的协调性不强

我国农业产业链和供应链的协调性问题在很大程度上源于产业分工的失衡。尽管农业供应链内部的合作多以契约为基础，但由于合作主体之间的分工不明确、信息不对称等问题，这种合作关系往往不够稳固。缺乏清晰的责任划分和有效的信息共享机制，使各合作方在执行过程中容易产生误解和冲突，最终可能导致合作关系的破裂。利益分配的不均衡进一步加剧了合作的

不稳定性，供应链的效率和整体稳定性因此受到影响。[1]

在国际产业分工中，我国农业企业长期处于劣势地位，依赖国外的农业技术和供应链环节。这种局面不仅限制了我国农产品的自主创新能力，也在很大程度上削弱了其国际市场竞争力。技术依赖性强，国内农业企业在核心技术和关键环节上缺乏话语权，导致产业链的主动性和灵活性不足，难以有效应对全球市场的变化。

要解决这些问题，必须深化产业分工体制的改革，推动供应链内部的职责明确化和信息透明化。同时加大对农业技术自主创新的投入，减少对国外技术和供应链环节的依赖，提升国内农产品的国际竞争力。这不仅有助于增强农业产业链的韧性，还能提高我国在全球农业产业分工中的地位，确保供应链的长期稳定与协调发展。

综上所述，我国农业供应链在管理水平、冷链物流、信息化建设、科技创新以及基础要素供给等方面仍面临着诸多挑战。要通过进一步优化产业结构、加大科技投入、完善基础设施以及增强国际竞争力来逐步解决这些问题，进而提升我国农产品供应链的韧性和稳定性，确保农业产业的可持续发展。

第四节　农产品供应链发展现状与趋势

近年来，我国农产品供应链在规模化、现代化和国际化进程中取得了显著进展，展现出较强的发展潜力。然而，随着全球经济环境的变化和国内市场需求的升级，农产品供应链面临的新挑战和发展趋势也日益凸显。

一、农产品供应链发展现状

农产品供应链的发展现状在中国农业的全球竞争中占据了重要地位，展示了其规模化、现代化和国际化的显著进步。中国已经成为世界上一些主要

---

[1] 王英姿，黎霆. 国际粮商的农业供应链管理及其对我国的启示：以美国嘉吉公司为例 [J]. 中国发展观察，2013（2）：60-62.

农产品的最大生产国和消费国。2020年，中国粮食总产量达到66950万吨，连续五年保持在65000万吨以上。① 这不仅反映了中国农业的高生产力，也体现了其稳定性。这种持续增长的趋势不仅保障了国内的食品安全，也对全球粮食市场产生了深远的影响。

随着信息技术的进一步发展，GIS和遥感技术在作物监测中的应用显著提升了精确性和效率，同时区块链技术的引入也确保了食品安全和可追踪，进一步增强了中国农产品在全球市场的竞争力。这些技术的应用不仅提高了作物产量和质量，还优化了农产品的分配和供应链管理，降低了因信息不对称导致的风险和损失。

政府支持的土地流转和农业机械化不仅促进了产业结构的优化，也推动了农业从传统模式向现代化的转型。这一过程中，大量的农业政策措施（如农业补贴、税收优惠、科技推广等）被实施，以支持农业发展和创新。农业的企业化和集团化发展为农产品的大规模生产和市场化提供了新的动力，改变了传统农业的经营模式和市场布局。

在国际舞台上，随着出口市场的扩大和国际农业合作的深化，中国农业的国际竞争力持续提升。中国不仅加强了与传统贸易伙伴的合作，也在积极开拓新的国际市场，如非洲、拉丁美洲等地。通过这些国际合作，中国的农产品供应链得到进一步优化和扩展，中国农业产品在国际市场上的地位和影响力得到加强。

同时政府在"十四五"规划中加大对农业的支持力度，大量资金投入农业基础设施、科研开发和环境保护，这些措施有效地推动了农业供应链的发展和完善。特别是在生态农业和绿色发展方面，政府的政策导向鼓励了可持续农业实践的广泛采纳，如水肥一体化、有机农业等，这不仅改善了农业生产环境，也提高了农产品的整体质量和市场竞争力。

这种系统性的进步不仅提升了中国农业的全球竞争力，也为全球食品安全和供应稳定性作出了重要贡献。中国农产品供应链的现状和发展趋势表明，随着全球经济环境的变化和国内市场需求的升级，新的挑战和发展机遇也日

---

① 农业现代化辉煌五年系列宣传之一：农业现代化成就辉煌 全面小康社会根基夯实［R］. 农业农村部，http：//www.jhs.moa.gov.cn/ghgl/202105/t20210508_6367377.htm.

益凸显，需要持续关注和适应。中国农业的未来将继续依赖于技术创新、政策支持和国际合作的深化，以实现更加高效和可持续的农业发展目标。

二、农产品供应链发展趋势

首先，随着全球化的深入和技术的飞速发展，农产品供应链正经历着前所未有的转型。随着大数据分析、人工智能和智能设备的广泛应用，农产品供应链将向更高程度的自动化和智能化发展。这不仅有助于提高供应链的整体运行效率，还能显著减少中间环节的损耗。通过实时数据的收集和分析，供应链各环节将能够更快、更精确地响应市场需求变化，从而提高供应链的灵活性和市场竞争力。这种数字化转型将是未来农产品供应链优化的重要方向，进一步提升我国在全球农业供应链中的地位。

其次，绿色供应链和可持续发展将成为我国农产品供应链发展的重要目标。在全球气候变化和环境保护压力日益增加的背景下，绿色发展理念已逐渐成为主流。通过推广有机农业、减少碳足迹和优化资源利用，我国农产品供应链将在追求环境友好型发展的同时，寻求新的竞争优势。绿色供应链不仅符合可持续发展的全球趋势，还将为我国农产品在国际市场中树立环保、高品质的形象，提升其国际竞争力。

再次，区域合作与一体化将在"一带一路"倡议和区域经济合作深化的推动下，成为我国农产品供应链未来发展的重要方向。通过加强与周边国家和地区的合作，区域内农产品供应链的一体化将增强供应链的韧性，提高资源配置效率。区域合作将促进供应链的互联互通，使我国农产品更好地融入全球市场，并在国际贸易中形成更加稳固的竞争力。

最后，增强供应链韧性将成为未来的重点。在全球市场波动和极端气候变化的背景下，供应链的适应能力和风险管理水平将成为衡量其竞争力的重要指标。通过强化供应链各环节的协同能力和应急响应机制，供应链的稳定性和安全性将得到显著提升。这不仅有助于应对突发事件和市场波动，还将确保农产品供应链的持续、稳定发展。

面对技术变革和市场变化带来的挑战，我国农产品供应链需要通过加快数字化转型、推动绿色发展、深化区域合作并提升供应链的韧性，来保持和扩大其在全球市场中的竞争力。随着这些趋势的进一步发展，我国农产品供应链将迎来更为广阔的发展前景，为我国农业的可持续发展提供坚实的保障。

第五节　农产品供应链国际比较与竞争力分析

在全球化的背景下，各国的农产品供应链在结构、技术应用、基础设施、绿色发展和国际竞争力等多个维度上存在显著差异（如表3-1所示）。这些差异不仅反映了各国农业发展的现状，也直接影响了它们在国际市场中的竞争地位。通过对中国、美国、欧盟和巴西的农产品供应链进行国际比较，更加全面地分析我国农产品供应链的优势与不足，可以为提升其国际竞争力提供参考。

表3-1　农产品供应链在国际比较中的关键维度和竞争力分析

比较维度	中国	美国	欧盟	巴西
供应链结构和规模化	供应链以中小型农户为主，分散化严重，整合难度较大；规模化、集约化水平提升中	高度规模化和集约化，大型农业企业主导供应链，整合度高，效率高	大型合作社和企业主导供应链，具备高度集成和协调管理能力	大规模农场和企业主导，供应链较为完整，出口导向明显
科技应用和信息化水平	信息化水平较低，技术应用不广泛；数字化和智能化发展加速但尚未普及	信息化程度高，大数据、物联网和智能技术广泛应用，供应链自动化水平高	高度信息化，特别是在精细农业和农产品质量追溯方面领先	科技应用较快，特别是在生物技术和农产品检测技术方面进展显著
冷链物流和基础设施	冷链物流基础设施不完善，特别是在生鲜农产品运输和储存方面存在较大不足	冷链物流体系完善，覆盖全国，能够确保农产品从产地到市场的全程保鲜	冷链物流发达，政策支持下推动农产品在运输和储存过程中的质量控制	冷链物流体系在主要出口产品（如水果、肉类）方面较为成熟，但国内市场冷链发展仍有限
绿色供应链与可持续发展	绿色供应链建设起步较晚，但逐渐推进，政策支持力度不断加大；可持续发展意识增强	强调可持续发展，推行绿色供应链政策，环保法规严格，市场接受度高	绿色供应链政策成熟，环保要求高，可持续农业发展迅速，技术领先	绿色供应链意识较强，但实践中仍以大规模生产为主，环保和可持续发展推进较慢

续表

比较维度	中国	美国	欧盟	巴西
国际市场竞争力	内需市场庞大，具备一定成本优势，但技术依赖性强，自主创新能力有限，出口竞争力有限	依靠高科技、高效率和大规模生产，在全球农产品市场占据主导地位，出口竞争力极强	市场技术成熟，品牌价值高，特别是在高附加值产品如乳制品、葡萄酒等领域，国际竞争力强	在全球农产品市场中以出口为导向，特别是在大宗农产品如大豆、糖等领域占据重要地位

资料来源：高旺盛，孙其信，陈源泉，等．世界农业强国评价指标构建与中国对标分析［J］．中国农业大学学报，2023（11）：1－13．

供应链结构和规模化是影响供应链效率的重要因素。美国和巴西的农产品供应链高度集中，由大型农业企业主导，通过一体化经营实现从生产到销售的全流程控制，确保了供应链的高效运转和稳定性。我国的农产品供应链仍然以中小型农户为主，分散的生产模式导致供应链整合难度大，效率相对较低。尽管近年来我国在推动农业规模化和集约化方面取得了一定进展，但仍需进一步优化供应链结构，提升资源整合能力。

在科技应用和信息化水平方面，发达国家如美国和欧盟早已走在前列，特别是大数据、物联网和智能技术的应用，已帮助实现供应链各环节的高度自动化和信息化管理。荷兰是农业科技的领先国家，在精准农业和农产品质量追溯领域取得了显著成就。这些技术的广泛应用不仅提高了供应链的效率和透明度，还增强了市场应变能力和风险管理水平。我国的农产品供应链在信息化程度和技术应用上仍有较大提升空间，尤其是在实现各环节的无缝衔接和数据共享方面，还需进一步加强技术投入和推广力度。

冷链物流和基础设施是保证农产品质量和供应链稳定性的关键。美国和日本已经建立了完善的冷链物流体系，确保农产品从产地到市场的全程保鲜。这种高水平的冷链物流为农产品的国内外市场流通提供了有力保障。我国尽管近年来冷链物流设施有所发展，但整体水平仍然落后于发达国家，特别是生鲜农产品的长距离运输和存储方面，损耗较高，限制了我国农产品在国际市场中的竞争力。为此，需进一步加大冷链物流基础设施的建设力度，以提高农产品的国际竞争力。

在绿色供应链与可持续发展方面，欧盟走在世界的前列。其严格的环保法规和消费者对可持续产品的需求，推动了农产品供应链的绿色转型。通过推广有机农业、减少碳足迹和优化资源利用，欧盟国家不仅实现了环保目标，还通过绿色产品获得了市场竞争优势。我国的绿色供应链建设虽然起步较晚，但随着国家政策的逐步落实和环保意识的提升，正在迅速追赶。未来，绿色发展将成为我国农产品供应链提升国际竞争力的一个重要方向。

国际市场竞争力方面，我国在农产品供应链上具备一定的成本优势，特别是在劳动力和部分生产资料的低成本上。随着国内劳动力成本的逐步上升，这一优势正在逐渐缩小。由于对国外农业技术和供应链环节的依赖，我国在国际市场中的自主创新能力和竞争力相对较弱。与美国、欧盟等发达国家相比，我国的农产品供应链在技术和管理上的短板限制了其在全球市场中的地位。

我国农产品供应链在全球市场中既有独特的优势，也面临显著的挑战。要进一步提升国际竞争力，必须在供应链的规模化、信息化和绿色发展等方面加大投入，同时通过政策引导和国际合作，推动供应链结构的优化和技术的进步，从而在全球农业产业中占据更有利的位置。

第四章 农业供应链韧性评估与测度

农业供应链韧性对于保障国家粮食安全和农业产业的持续发展至关重要。为了有效评估和提升农业供应链的韧性，必须构建一套科学合理的评估指标体系，开发适用的测度方法与工具，并在实际案例中进行验证和应用。

第一节 农业供应链韧性评估指标体系构建

农业供应链的韧性对于应对各种市场波动、自然灾害以及其他不确定性因素至关重要。不断提高农业供应链韧性是有效解决中国产业链供应链突出的短板问题的关键，更是不断健全现代化产业体系和实现经济高质量发展的重要任务。要系统、科学地评估农业供应链韧性，必须构建一套全面且精准的评估指标体系。这一体系应结合韧性的内涵，包含供应链的多个维度，并能够反映供应链在不同环境下的表现和应对能力。

一、指标体系构建的原则

在构建农业供应链韧性评估指标体系时，需要遵循若干关键原则，以确保该体系的科学性、实用性和适应性。这些原则不仅为评估体系的设计提供了指导，也确保了评估结果的可靠性和有效性。

全面性是指标体系构建的首要原则。为了准确评估农业供应链的韧性，指标体系必须在融合韧性的内涵的基础上涵盖供应链的所有关键环节。这些环节包括但不限于生产、物流、信息传递、市场需求以及外部环境的影响等各个方面。通过涵盖这些领域，评估体系能够全面反映供应链在不同情境下的表现，确保评估结果的全面性和准确性。这种全面性不仅有助于识别供应链中的薄弱环节，还能为制定综合性的改善措施提供依据。

可操作性是确保评估指标体系在实际应用中具有效力的重要原则。所选指标必须便于量化和监测，以确保其在实际操作中的可行性。这意味着指标的获取和计算应简单明了，并且能够在不同规模和类型的农业供应链中应用。一个有效的指标应该能够通过现有的数据收集系统轻松获得，且不需要过多的额外资源投入。这种可操作性使得评估过程更加高效和精确，确保其在实践中的应用价值。

动态性是应对农业供应链所处环境和条件不断变化的关键。农业供应链常常受到市场波动、政策变化、自然灾害等多种外部因素的影响，因此，评估指标体系应具备动态调整的能力。一个灵活的指标体系能够根据供应链所面临的新情况进行调整，确保在不同阶段和环境下都能提供准确的评估结果。这种动态性不仅提高了体系的适应性，还使其能够及时反映供应链的实际韧性水平。

针对性是确保评估指标体系能够准确反映特定供应链特点的核心原则。不同的农业供应链由于地理位置、生产方式、市场需求等因素的不同，具有各自的特点和需求。评估体系应能够根据具体情况进行调整，以更好地反映特定供应链的韧性水平。这种针对性有助于制定更为精准的改善措施，确保评估结果能够指导实际的供应链管理和优化工作。

在构建农业供应链韧性评估指标体系时，遵循全面性、可操作性、动态性和针对性原则，能够确保评估体系的科学性和实用性。这些原则不仅提高了评估的准确性，还使得评估体系具有广泛的适用性，能够适应不同情境下的需求，为提升农业供应链的韧性提供坚实的基础。

二、指标体系的维度与构成

结合以往文献研究，供应链韧性体现在遭遇外部风险和冲击时，供应链系统本身仍然能够有效防止断裂、维持其整体链条的稳定性，且迅速恢复到原先的运行状态，甚至是在冲击后实现供应链升级与革新（Negri et al.，2021），[①] 主要强调事前供应链遭受冲击前的抵抗能力、冲击时能够迅速适应

[①] Negri M, Cagno E, Colicchia C, et al. Integrating sustainability and resilience in the supply chain: A systematic literature review and a research agenda [J]. Business Strategy and the Environment, 2021, 30 (7): 2858-2886.

的恢复能力以及冲击后能够推动创新发展的革新能力。值得注意的是，农业企业作为农村经济发展的重要组成部分，是农业产业供应链环节中的重要主体，对提升农业供应链韧性与安全、加快实现农村经济高质量发展发挥着不可替代的作用。鉴于此，本书基于微观农业企业视角，结合供应链韧性内涵界定和特征，将农业供应链韧性归纳为农业供应链的抵御力、恢复能力和革新能力这三个维度，并针对每个维度选取了相应的具体指标以全面阐述农业供应链韧性（如表4-1所示）。其中，每个维度包含若干指标，旨在全面衡量农业供应链在不同情境下的表现，从而为评估其韧性提供可靠的依据。

表4-1　　　　　　　农业供应链韧性评估指标体系

基准层	指标层	衡量方式	指标属性
农业供应链的抵抗力	农业产业专业化程度	采用农业产业区位商指数	正向
	供需关系协同性	农业供应链的集中程度	正向
	农业经营多样化	赫芬达尔指数（HHI）	正向
	资金流动情况	采用应收账款与收入的比例	负向
农业供应链的恢复力	库存变动	存货周转的波动幅度	负向
	供需偏离度（长鞭效应）	供需波动的偏离程度	负向
	经营波动性	农业企业经营绩效波动程度	负向
	企业运营周转能力	应收账款周转率 应付账款周转率	正向
农业供应链的革新能力	企业创新能力	农业企业发明专利申请总数	正向
	可持续发展水平	利用华证ESG评级得分	正向

表4-1所构建的农业供应链韧性评估指标体系，通过对农业供应链的抵抗力、恢复力和革新能力三个层面的多项关键指标进行综合考量，全面、准确地反映了农业供应链在不同环境下的韧性表现。该体系不仅为农业经营管

理者提供了较为科学的数据支持，也为农业供应链的管理与优化提供了有力的理论依据，有助于在复杂多变的环境中提升农业供应链的抗风险能力和可持续发展水平。

第一，农业供应链的抵抗能力体现的是当面对外部环境干扰时，农业供应链各主体间的周转运作依旧能够保持稳定，维持畅通，表现出农业供应链上下游关系的稳定性。在宏观农业产业层面上，农业产业化聚集可以在一定程度上降低农业企业成本，促进技术、知识、人才以及服务等多层面共享，推动农业供应链上下游间的协同发展，增强农业供应链整体抵抗风险能力。借鉴刘鑫鑫和韩先锋的研究，① 本书采用农业产业区位商指数来测度农业产业专业化集聚程度。

$$Sagg_{it} = (Ep_{it}/E_{it})/(Ep_t/E_t) \quad (4-1)$$

式中，Ep_{it}/E_{it} 表示 i 省 t 年份的农林牧渔业就业人数占比，Ep_t/E_t 表示全国在 t 年份的农林牧渔业就业人数占比。

在微观农业企业层面，本书从资金流动情况、供需关系协同性以及经营模式三个角度来体现农业供应链关系的稳定程度，借此阐述农业供应链抵抗力维度。首先，农业供应链上下游间关系的稳固情况能够通过农业上游供应商与下游客户之间的资金占用情况体现出来。本书通过利用应收账款与收入的比例来评估下游客户对上游供应商的资金占用状况，研究方法借鉴罗伯特·卡尔等（Robert Cull et al., 2009）的研究，该指数值越低，反映下游客户对上游供应商的资金占用越小，从而显示出农业企业在经营管理活动中面临的应收账款压力相对较小，供需关系较为稳定。② 其次，农业供应链上下游中供需关系的协同性，可以体现出农业企业与客户之间合作关系的紧密性与长久性。而农业供应链上游供应商与下游客户企业之间合作关系的亲密程度，能够在一定程度上提高供应链运行效率，增强农业供应链韧性。借鉴庄伯超等（2015）的研究，③ 本书借助农业供应链集中程度来反映供应链上下游之间的

---

① 刘鑫鑫，韩先锋. 人工智能与制造业韧性：内在机制与实证检验 [J]. 经济管理，2023 (11)：48-67.

② Cull R, Xu L C, Zhu T. Formal finance and trade credit during China's transition [J]. Journal of Financial Intermediation, 2009 (2)：173-192.

③ 庄伯超，余世清，张红. 供应链集中度、资金营运和经营绩效：基于中国制造业上市公司的实证研究 [J]. 软科学，2015 (3)：9-14.

协同合作关系，供应链上下游关系越紧密，越有利于提高供应链效率，进而有助于增强农业供应链韧性。最后，多元化溢价观点认为，多元化经营可以形成强大的内部资本市场，能够有效避免因信息不对称而造成项目投资损失，[1]缓解外部冲击带来的负向作用，从而促进农业企业绩效提升。进一步地，在考虑其他可能影响企业绩效因素后，企业的多元化程度越高往往具有较大的托宾Q值和超额价值。[2] 本书借鉴杨兴全等的研究，[3] 采用农业企业收入的赫芬达尔指数（HHI）来衡量农业企业的多元化经营水平。

$$\text{HHI} = \sum P_i^2 \quad (4-2)$$

式中，P_i表示行业收入与总收入之比，该比重越大，农业企业多元化经营程度越低。为方便后文理解，本书对其取负值作为逆向指标处理。

第二，农业供应链的恢复力侧重于农业供应链本身受到外界环境冲击后能够迅速恢复正常运营和保持企业盈利水平的能力。本书从库存变动、供需偏离和经营波动三个角度来反映农业供应链的恢复能力。

从农业企业库存变动上看，为了降低生产和管理成本，企业更加倾向于保持较低的库存波动水平，提高企业产品管理效率。因为巨额的存货不仅会伴随着较高的仓储成本、运输成本以及管理费用，而且还会让农业企业面临较大的产品贬值风险和资金周转压力。保持低水平的存货变动往往是农业企业降低成本、提高管理质量和效率的重要途径。借鉴陶峰等的[4]研究成果，本书将农业企业前后两期存货差值的绝对值并取自然对数来作为存货周转的波动幅度（matel）的衡量指标。

$$Mate1_{it} = \ln(ab(\ln v_{it} - \ln v_{it-1})) \quad (4-3)$$

式中，$\ln v_{it}$表示i农业企业t年末存货净额，ab（·）为变量的绝对值。

从供需偏离角度来看，当农业供应链遭受外界冲击时，上游供应商的生

---

[1] Khanna T, Palepu K. Is group affiliation profitable in emerging markets? An analysis of diversified Indian business groups [J]. The Journal of Finance, 2000 (2): 867–891.
[2] Villalonga B. Does diversification cause the "diversification discount"? [J]. Financial Management, 2004: 5–27.
[3] 杨兴全, 任小毅, 杨征. 国企混改优化了多元化经营行为吗？[J]. 会计研究, 2020 (4): 58–75.
[4] 陶锋, 王欣然, 徐扬, 朱盼. 数字化转型、产业链供应链韧性与企业生产率 [J]. 中国工业经济, 2023 (5): 118–136.

产量与下游客户的需求量难免会出现匹配失衡的现象。再加上供应商与下游客户企业间信息不对称，往往会促使上游供应商更倾向于通过高产量和高库存来应对市场需求，不仅加大了供需偏度波动程度，还进一步加剧了供应链上下游的"长鞭效应"，进而影响农业企业产加销活动的正常运转。本书采用农业企业本身生产波动与需求波动的之比，即供需波动的偏离程度作为供应链恢复能力的代理指标，评价标准来自卡尔等（Cull R et al.，2009）、①杨志强等（2020），具体公式如下：

$$Mate_{it} = \frac{\sigma(Production_{it})}{\sigma(Demand_{it})} - 1 \quad (4-4)$$

$$Production_{it} = Cost_{it} + \ln v_{it} - \ln v_{it-1} \quad (4-5)$$

式中，分子和分母分别表示农业企业 i 生产和需求的波动性，$\sigma(\cdot)$ 表示取变量的标准差。分母需求量（demand）采用农业企业的营业成本（cost）代替，分子农业企业生产量（production）由式（4-3）计算得出，$Cost$ 表示农业企业营业成本，$\ln v_{it}$ 表示农业企业 t 年末存货净额。若供需偏离度（mate）越大，说明农业供应链上下游供需之间的变动幅度较大，供应链上的"长鞭效应"越突出，意味着供应链的恢复能力越弱，反之则越强。从经营波动的视角来看，农业企业遭受外部不确定性环境的冲击后，虽然农业企业的经营绩效会暂时偏离预期水平，但在一段时间后它们有能力逐渐恢复到冲击发生前的状态。因此，农业企业绩效偏离度可以作为衡量农业供应链恢复力的重要指标。本书借鉴张树山和谷城的研究，②通过构建以下计量模型（4-4），借助回归残差来考察农业企业经营绩效水平在不同时期的变化情况，以此来反映供应链在受到外界冲击后的恢复能力。该残差值越大，说明供应链的恢复能力越强，反之则越弱。

$$Achieve_{it} = \beta_0 + \beta_1 Size_{it} + \beta_2 Age_{it} + \beta_3 Debt_{it} + \beta_4 Boardcale_{it} + \beta_5 Indirector_{it}$$
$$+ \beta_6 TOP1_{it} + \sum Year + \sum Firm + \varepsilon_{it} \quad (4-6)$$

式中，Achieve 表示农业企业经济绩效水平，采用息税前利润作为代理变量，在构建模型时，除了企业规模（size）、企业年龄（age）、独立董事在董事

---

① Cull R, Xu L C, Zhu T. Formal finance and trade credit during China's transition [J]. Journal of Financial Intermediation, 2009 (2): 173-192.
② 张树山，谷城. 供应链数字化与供应链韧性 [J]. 财经研究, 2024 (7): 21-34.

会中的比例（indirector）以及资产负债率（debt）等关键指标被纳入作为控制变量，还进一步考虑了第一大股东的持股占比（top1）和董事会的整体规模（boardcale）因素的影响，共同构成了模型中一系列相关控制变量。此外，农业产业供应链韧性与农业企业的运营能力二者紧密关联。当农业产业供应链系统本身遭受冲击时会在一定程度上影响供应链上各环节的正常运行，而农业企业作为农业产业供应链运行不可或缺的主要主体，其运营能力能够反映出农业产业供应链的表现和应对能力。本书参考王会艳等的研究，① 选取应收账款和应付账款周转率来衡量农业供应链受到冲击后农业企业的运营能力，侧面反映出农业供应链的恢复能力，两者比率较高，意味着公司在管理其现金流方面表现良好。

第三，农业供应链革新能力表现为农业企业在发展过程中，通过不断积累资本和知识经验、推动技术创新，逐步提升自身竞争力，推动农业企业持续发展。伴随着信息化、数字化的不断发展，农业企业逐步融入供应链各个环节中，通过技术扩散、知识溢出等方式将知识和技术在供应链上下游之间实现充分涌动，从而助力农业供应链上下游间供应质量的提升。借鉴方先明和胡丁的研究，② 本书选取农业企业发明专利申请量来衡量企业创新能力。与此同时，农业企业的可持续发展能力是企业创新水平不断提升的重要体现，更是农业供应链革新能力显著增强的显著成效。本书借鉴谢红军和吕雪的研究，③ 利用华证 ESG 评级得分作为农业企业的可持续发展水平的代理指标。该评级得分越高，表明农业企业的可持续发展水平越高，侧面反映出农业供应链的革新能力越强。

三、指标体系的量化与权重设置

在构建农业供应链韧性评估指标体系后，对各项指标进行量化和权重设置，是确保评估结果科学性和准确性的关键环节。为了在量化和权重设置过

---

① 王会艳，陈优，谢家平. 数字赋能中国制造业供应链韧性机理研究［J］. 软科学，2024（3）：8－13.
② 方先明，胡丁. 企业 ESG 表现与创新：来自 A 股上市公司的证据［J］. 经济研究，2023（2）：91－106.
③ 谢红军，吕雪. 负责任的国际投资：ESG 与中国 OFDI［J］. 经济研究，2022（3）：83－99.

程中最大限度地反映实际情况，本书主要采用熵值法来完成了指标的量化与权重的合理配置。

在指标的量化方面，依据相关文献研究和专家意见，对各项指标进行了精确的量化处理。对农业企业供需偏离程度和经营绩效波动程度等指标，则需要在查询企业相关数据的基础上再次进行必要的估计调整，以确保其量化结果的准确性和代表性。在量化过程中，采用了无量纲化处理方法，确保不同单位的指标可以进行有效的横向比较。对正向指标，如发明专利申请总量等指标采用归一化处理，使其数值在一个可比的范围内进行分析；对负向指标，则采取逆向处理，确保其对评估结果的影响与实际情况相符。

四、指标体系的应用与调整

在实际应用过程中，确保指标体系的适用性和准确性至关重要。为了实现这一目标，必须通过不断调整与优化来完善指标体系，使其能够更好地反映农业供应链的韧性特征。

在初步应用阶段，构建的指标体系应当被应用于特定区域或时间段内的农业供应链韧性评估，以验证其有效性和合理性。通过输入实际农业企业相关数据生成评估结果，该结果可以直观地显示农业供应链在当前环境下的韧性表现。随后将这些结果与历史趋势或专家的预期进行对比分析，以评估体系的准确性。如果初步评估结果与既有的预期和历史数据相符，则表明所构建的指标体系具有较好的应用前景和科学性。

然而，初步应用的结果往往只是指标体系的一次性表现，要确保其长久的适用性，还需要进行反馈与调整。应广泛收集各方的反馈意见，特别是来自该领域专家和实际操作人员的意见。在这些反馈中，不仅应关注指标权重的设置是否符合实际情况，还应审视各维度的指标是否全面覆盖了供应链的韧性特征。如果发现某些指标的重要性被低估或高估，或是某些关键因素未被纳入指标体系中，则需要及时对这些指标及其权重进行调整，以提高评估的准确性和全面性。这样的调整有助于确保指标体系能够充分反映供应链的实际韧性，避免评估过程中出现偏差或遗漏。同时，指标体系并非一成不变的，它必须随着外部环境的变化以及供应链自身的发展进行动态优化。随着政策调整、技术进步、市场变化等外部因素的影响，农业供应链的韧性也会发生变化。定期对指标体系进行评估和更新，确保其在不同情境下的适用性和科学性是至关重要的。通过不断优化，指标体系能够适应不断变化的环境，持续为供应链的管理与决策提供有效支持。

通过初步应用、反馈与调整以及动态优化等步骤，可以最终构建出一个既具有广泛适用性又具备科学合理性的农业供应链韧性评估指标体系。这一体系为供应链的管理和决策提供了坚实的数据支撑，并通过持续的优化和调整，确保其在不同环境和时间段内都能发挥最大的效用。

第二节　农业供应链韧性测度方法与工具

在农业供应链韧性测度研究中，评价方法和指标体系的选择对研究结果的有效性和准确性起着至关重要的作用。不同的研究方法和指标体系通常侧重于农业供应链的不同方面，因此，通过多种方法的综合应用，可以更加全面和准确地分析和评估农业供应链的韧性表现。近年来，随着供应链管理理论的发展，研究者们在探索农业供应链韧性方面采用了多种创新的方法和技术，以应对日益复杂的供应链挑战。

系统动力学方法作为一种重要的研究工具，被广泛应用于我国农产品供应链的韧性分析。通过构建仿真模型，系统动力学能够模拟供应链中各个要素的动态变化，帮助研究者识别影响供应链韧性的关键因素，并量化这些因素的影响程度。这种方法不仅可以帮助确定供应链的韧性模型，还能为决策者提供有针对性的管理建议，以提升供应链的抗风险能力。

以乡村振兴为背景的研究也为农业供应链韧性测度提供了新的视角。乡村振兴战略的实施对农村经济和农业供应链的发展产生了深远影响。这类研究通常通过分析农村发展的现状，识别供应链在政策支持、基础设施建设和市场环境等方面的不足，并提出相应的发展路径。借助这些研究，可以更好地理解政策环境对农业供应链韧性的影响，并制定有效的政策措施来增强供应链的可持续性和韧性。

在具体的评价方法方面，模糊层次分析法（fuzzy analytical hierarchy

process，F-AHP）结合模糊技术排序偏好相似性法（fuzzy technology sorting preference similarity，F-TOPSIS）提供了一种有效的工具来评估农产品供应链的韧性。F-AHP方法通过模糊逻辑处理专家判断的不确定性，确定各个相关权重，确保了权重分配的合理性和科学性。通过F-TOPSIS对农产品供应链的各项指标进行排序和分析，可以有效地评估供应链的整体韧性水平，并为供应链管理者提供改进方向。[①]

在突发事件背景下，生鲜农产品供应链面临着更大的挑战。研究人员通过成本扰动分析方法，研究了疫情等突发情况下生鲜农产品供应链的脆弱性和应对能力。通过模拟不同的成本扰动情景，研究者能够识别供应链中的薄弱环节，并提出具体的应急策略，以增强供应链的韧性。此类研究在实际应用中具有很强的操作性，为应对类似疫情的突发事件提供了实证支持。

此外，层次分析法-模糊综合评价方法（AHP-fuzzy comprehensive evaluation，AHP-FCE）也被广泛用于农产品供应链的绩效评价。通过结合平衡计分卡的理论框架，AHP-FCE方法不仅能够对供应链绩效进行综合评价，还能够明确供应链管理中的关键绩效指标。这一方法帮助管理者在复杂的决策环境中识别和优化供应链的关键环节，提升供应链的整体效率和韧性。

在对现有理论和方法进行深入分析后，发现最佳最劣法（best worst method，BWM）相比其他赋权方法具有明显的优势。BWM方法操作简便且不易出错，能够有效地反映专家对各项指标相对重要性的主观判断。然而仅依赖主观判断可能不足以全面反映实际情况，因此引入了准则重要性与冲突方法（criteria importance though intercrieria correlation，CRITIC）。CRITIC方法通过考虑指标间的对比程度和冲突性，计算得出更加客观的指标权重。这种方法能够更好地揭示指标间的变异性，进而确保评价结果的客观性和科学性。[②]

[①] Kumar M, Sharma M, Raut R D, et al. Performance assessment of circular driven sustainable agri-food supply chain towards achieving sustainable consumption and production [J]. Journal of Cleaner Production, 2022, 372: 133698.

[②] 徐文平, 陈文博. 基于组合赋权-VIKOR的农产品供应链韧性评价体系研究 [J]. 物流工程与管理, 2023 (12): 62-67.

第三节　农产品供应链韧性评价模型构建与实证研究

本书基于微观农业企业视角，通过实证研究对农业供应链韧性进行系统评估，并探讨其在实际应用中的表现。农业企业是农业产业供应链运行中直接作用的主体，整体农业产业供应链运行的波动会影响供应链各个环节中各农业企业构成主体的正常运转，两者相互影响，相互关联。因此，选取农业企业作为研究对象，利用前述构建的评估体系和测度方法，对我国整体农业供应链的韧性进行深入分析。这些分析将揭示我国农业供应链在不同年份中的平均韧性变化趋势，并基于评估结果提出针对性的改进建议，以增强供应链的应对能力。

本书借鉴刘云菲等的研究，[①] 采用了熵值法 + TIOPSIS 组合方法，通过利用熵值法进行客观赋权以避免因主观偏误导致权重的误差，在进行熵值法赋权的基础上，重新估计各方案的最优解与最劣解，进而对原有权重结果进行评估修正以提高评价结果的准确性和科学性。这种组合评价的设置方式，有助于提高指标评价体系的科学性和全面性，确保农业供应链韧性评估结果的准确性和可靠性。

一、熵值法评分

熵值法作为客观评价的重要方法之一，能够更加真实反映客观数据变动规律而避免数据指标选择和赋权的主观影响。本书采用极差法对原始数据进行无纲量化处理，并运用熵值法确定指标权重，进而测算农业供应链韧性综合得分。具体步骤如下。

第一步，对于正向指标标准化，采用 $u_{ij} = \dfrac{x_{ij} - \min\limits_{1 \leqslant i \leqslant n} x_{ij}}{\max\limits_{1 \leqslant i \leqslant n} x_{ij} - \min\limits_{1 \leqslant i \leqslant n} x_{ij}}$，对于负向指

---

① 刘云菲，李红梅，马宏阳. 中国农垦农业现代化水平评价研究：基于熵值法与TOPSIS方法[J]. 农业经济问题，2021（2）：107-116.

标标准化，则采用 $u_{ij} = \dfrac{\max\limits_{1 \leq i \leq n} x_{ij} - x_{ij}}{\max\limits_{1 \leq i \leq n} x_{ij} - \min\limits_{1 \leq i \leq n} x_{ij}}$，其中，$x$ 为评价元素，u_{ij} 代表第 i 个指标和 j 个评价元素经标准化后的数值，x_{ij} 代表第 i 个指标和 j 个评价元素的原始观测值。

第二步，计算指标体系的权重矩阵，具体如下：

$$p_{ij} = \dfrac{u_{ij}}{\sum\limits_{i=1}^{m} u_{ij}} \quad i = 1, 2, \cdots, m \quad j = 1, 2, \cdots, n$$

其中 $0 \leq p_{ij} \leq 1$，

第三步，以信息熵进行赋权分析：

$$e_j = -\dfrac{1}{\ln n} \sum_{i=1}^{n} p_{ij} \ln(p_{ij}) \quad \text{其中 } 0 \leq e_{ij} \leq 1 \quad j = 1, 2, \cdots, n$$

第四步，在计算信息熵的基础上，计算差异项系数，进而确定权重：

$$w_j = \dfrac{t_j}{\sum\limits_{j=1}^{n} t_j} \quad \text{其中} \sum_{j=1}^{n} w_j = 1 \quad j = 1, 2, \cdots, n \quad t_j = 1 - e_j$$

第五步，计算各项指标的综合得分指数。

二、TOPSIS 方法修正

虽然熵值法能够克服主观赋权方法存在的问题，但依旧不能够避免因某个指标数值偏离程度较高而造成指标权重测算的偏误问题（进而影响评价结果的准确性）。为此，本书在熵值法赋权的基础上，采用欧式距离测量各个指标方案与其最优解之间的相对距离，得到综合评价指数，并对其进一步重新进行序列对比。该方法通过有效利用数据信息，降低了样本容量限制以及参与序列选择过程中可能对测算评价结果造成的影响，从而更加准确地体现出农业供应链韧性的演变特征与规律。具体步骤如下。

第一步，测算指标的加权标准化矩阵：

$$T = (t_{ij})_{m \times n}, \quad t_{ij} = w_j x'_{ij} (1 \leq i \leq m, \ 1 \leq j \leq n)$$

第二步，拟定最优解 S_j^+ 与最劣解 S_j^-：

$$S_j^+ = \max(t_{ij}), \quad S_j^- = \min(t_{ij})$$

第三步，测算各方案与最优解之间的欧氏距离：

$$sep_i^+ = \sqrt{\sum_{j=1}^{n}(S_J^+ - t_{ij})^2}$$
$$sep_i^- = \sqrt{\sum_{j=1}^{n}(S_J^- - t_{ij})^2}$$

第四步，测算各方案的综合评价水平：

$$H_i = sep_i^- / (sep_i^+ + sep_i^-), \quad H_i \in [0, 1]$$

三、核密度估计法

核密度估计方法是利用连续密度曲线对随机变量的概率密度进行估计的非参数估计方法。与其他估计模型相比，该方法具备较强的稳定性。地理学第一定律指出，所有事物都是相邻的，距离越近事物彼此之间的关联就更加紧密。核密度估计法是常用来论述经济活动分布状况的方法。本书借鉴徐雪和王永瑜的研究成果，[①] $f_n(x)$ 是随机变量的概率密度函数，对于服从独立同分布，采用样本去估计密度函数，其密度函数形式为：

$$f_n(x) = \frac{1}{nh_n}\sum_{t=1}^{n} K\left(\frac{x - x_i}{h_n}\right)$$

式中，$K(x)$ 表示核函数形式，x_i 表示全部观测值的均值。h_n 为宽带，若宽带越大，则核密度估计曲线越光滑，说明估计的精确度越低；反之，若宽带较小，密度估计函数越不光滑，则估计准确度越高。核密度估计的核函数选择多样，包括 Triangular、Epanechnikov、Trianhularh、Gaussian 等，不同的核函数依据标准和估计结果各有优劣。考虑到核函数估计方法的通用性和效率损失最低，本书的核密度估计采用高斯（Gaussian）核函数对农业供应链韧性总体平均水平的动态演变进行估计。

$$K(x) = \frac{1}{\sqrt{2\pi}}\exp\left(-\frac{1}{2}x^2\right)$$

四、实证分析与结论

（一）实证分析

图 4-1 显示了 2010~2022 年农业供应链韧性水平的平均综合指数及其

[①] 徐雪，王永瑜．中国乡村振兴水平测度、区域差异分解及动态演进 [J]．数量经济技术经济研究，2022（5）：64-83．

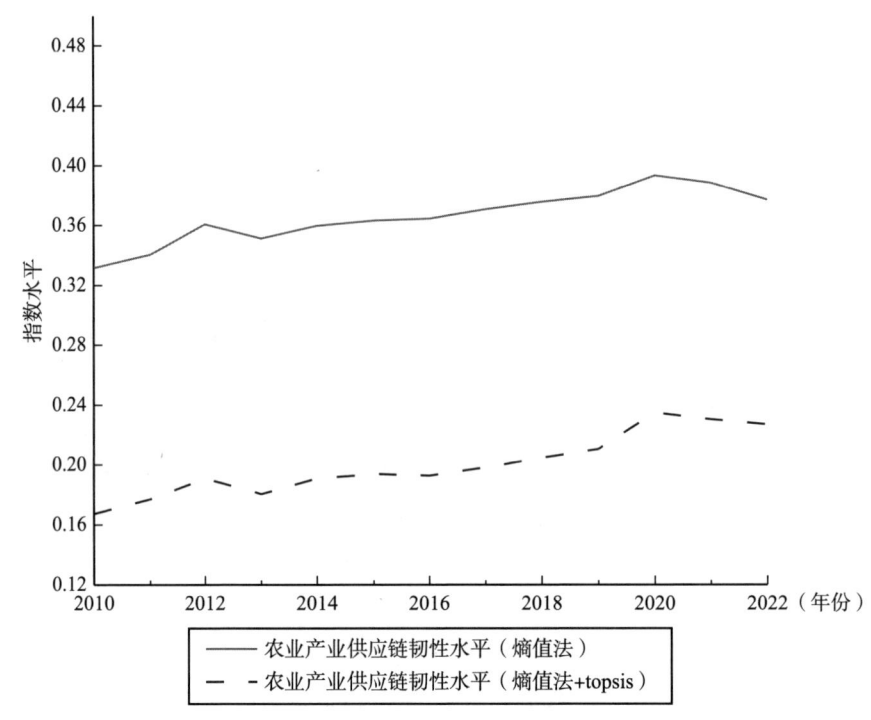

图 4-1 2010~2022 年农业供应链韧性平均综合指数

变化趋势。由熵值法结果可以看出，我国农业供应链韧性的平均水平存在以下几个特征：（1）农业供应链韧性平均指数水平较小，最高仅为 0.393，说明我国农业产业供应链韧性平均水平较低，仍然存在较大发展空间；（2）我国农业供应链韧性平均总体水平呈现增长态势，由 2010 年的 0.332 增长到 2022 年的 0.377，增长幅度达到 13.554%；（3）2020~2022 年，我国农业供应链韧性平均总体水平出现短暂的下降趋势，这可能是因为疫情等环境因素影响导致我国经济形势不确定性因素加剧，进而影响了我国农业供应链韧性总体平均水平。采用 TOPSIS 方法修正后可以发现，我国农业供应链韧性平均总体水平呈现上升发展趋势。其原因可能是国内产业结构不断转型升级，农业数字化、智能化、低碳化的步伐不断加快，特别是数字技术赋能农业产业链供应链结构不断朝着智能化、信息化转变，助推了农业供应链韧性总体平均水平提升。值得注意的是，2011~2013 年我国农业供应链韧性平均水平大体呈现明显倒"V"型结构，波动振幅较大。这可能是因为 2012 年前后，我国部分地区受到严重的干旱和洪涝等自然灾害，以及当时中国农业面临劳动力成本、土地租金等多方面上涨的压力影响；同时，当时国际农产品市场价格波动较大，而我国作为农产品进出口大国，国际农产品市场变化也会影响国内农业供应链的稳定性，进而影响我国农业供应链韧性总体水平变化。然而，随着我国农业补贴和土地流转等相关政策的调整，农业产业经济逐步恢复，特别是数字经济的发展为农业产业转型升级赋予了新动能和方向，助力农业供应链韧性总体水平稳步提升。

为深入分析农业供应链韧性水平的变化趋势，本书在熵值法测算农业供应链韧性总体水平得分的基础上，运用高斯核密度函数估计分别绘制三维图和平面图，考察我国农业供应链韧性总体平均水平的绝对差异变动以及极化趋势，具体结果如图4-2所示。从波峰的移动来看，全国农业产业供应链韧性总体平均水平的核密度曲线主峰位置总体向左偏移，说明农业供应链总体水平呈现上升发展态势；从波峰的高度和宽度上看，考察期间内两种测算方法的核密度曲线的波峰的高度不断升高，但波峰的宽度变化并不存在明显差距，这说明我国农业产业供应链韧性总体水平在不断提高，而总体绝对差异变化并不明显。从分布的极化趋势上看，图4-3表明通过熵值法测算的农业供应链

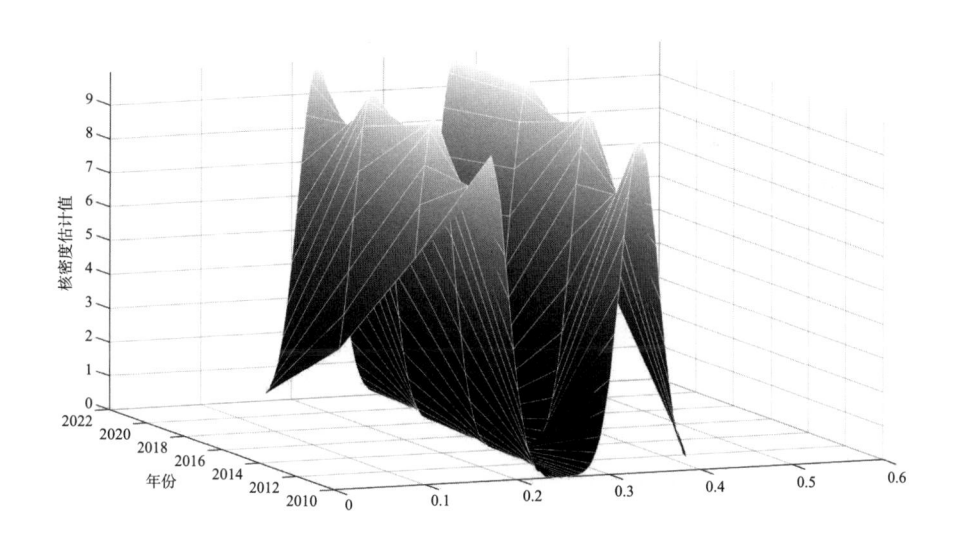

图4-2 2010~2022年农业供应链韧性三维高斯核密度估计

韧性总体平均水平核密度曲线是由一个主峰和一个侧峰组成，较主峰而言，侧峰峰值相对较低，且离主峰仍存在很大距离，说明我国农业供应链韧性总体平均水平存在较为轻微的两极分化趋势。总体来看，我国农业供应链韧性水平不断提高，且出现较为轻微的分化现象。

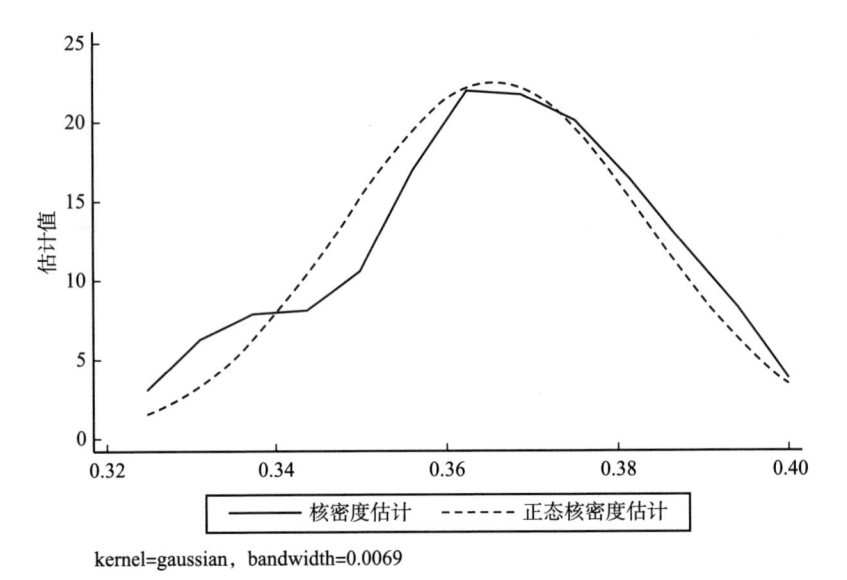

图 4-3　2010~2022 年农业供应链韧性平面核密度估计

（二）研究结论

在实证结果上，本书基于 2010~2022 年农业上市公司相关数据，采用熵值法与 TOPSIS 方法考察了我国农业供应链综合水平及其演变趋势。得出以下研究发现：（1）我国农业供应链韧性平均水平较低，仍然存在较大发展空间；（2）我国农业供应链韧性平均总体水平呈现明显上升发展趋势，但易受国内外经济政治环境影响；（3）核密度估计结果发现我国农业供应链韧性总体平均水平的核密度曲线主峰位置总体向右偏移，且出现双峰特征，表明我国农业产业供应链韧性总体水平在不断提升，且存在轻微的两极分化现象。在研究方法上，本书通过熵值法与 TOPSIS 方法，成功构建并验证了农业供应链韧性评价模型。该模型不仅为企业优化农业供应链提供了科学依据，也为其他地区的农业供应链管理提供了重要的参考。通过这种系统性和综合性的评估方法，研究者和决策者将能够更好地应对复杂多变的市场环境，为农业供应链的长远发展提供强有力的支持。

第四节　农业供应链韧性评价指标体系优化与完善

为了确保农业供应链韧性评价的科学性和准确性，本节将对已有的评价指标体系进行优化与完善。通过深入分析前述研究结果，发现当前体系虽然能够较好地反映农产品供应链的韧性，但在某些方面仍有提升的空间。优化和完善评价指标体系，不仅有助于更全面地评估供应链的韧性，也能够为供应链的管理与决策提供更精准的支持。

一、指标的调整与补充

在对农业供应链韧性的深入分析基础上，提出对现有评价指标体系进行适当的调整和补充。尽管现行体系已经涵盖了供应链的抵抗力、恢复力以及革新能力三大类指标，但随着外部环境的快速变化和供应链结构的不断演进，纳入某些关键性的新兴因素显得尤为必要。

在环境因素方面，全球气候变化对农业生产的长期影响日益显著。因此当前的评价体系应当更加关注气候变化带来的挑战，增加与气候变化相关的指标。例如，极端天气事件的频率和强度、气候适应性措施的实施情况以及农业企业的应对处理能力等，都是评估农业供应链韧性不可忽视的重要因素。将这些指标纳入评价体系，不仅有助于更准确地评估农产品供应链在面对气候变化时的应对能力，还能为制定相应的减缓和适应策略提供科学依据。

在产业结构方面，随着人工智能、大数据以及物联网等数字技术的飞速发展，传统农业链运行指标已不足以全面反映现代农产品供应链的运作效率。评价体系中应增加对数字化供应链管理能力的评估指标。这些指标可以包括供应链信息化水平、数据共享程度以及农业产业专业化程度等。引入这些新指标，能够更全面地评估供应链在信息化和智能化管理中的表现，进而提升整体供应链的反应速度和效率。

在基础要素供给方面，资本和人才要素供给是农业企业发展的关键要素，更是提升农业产业供应链韧性的核心组成部分。一方面，在我国政府的大力支持下，农业相关激励政策得到不断完善，为农业企业的进一步发展提供资金保障。但由于农业农村项目周期长、规模大以及农业生产经营的不稳定性加剧了项目收益的不确定性，[①] 农产品生产和加工转换效率较低，直接影响到农业企业长期稳定发展。除规模大的农业企业之外，中小农业企业往往会面临资金断链的风险。另一方面，随着数字经济的不断深入发展，人力资本的质量也在农业产业供应链发展中提出了更高的要求。然而大量农业劳动力向城镇工业部门的转移，以及我国国内劳动力成本的逐步上升，直接影响了农业产业的长期发展。现有评价体系中的资金支持和人才指标需要及时更新，以反映最新的产业中的资金和人才发展趋势。例如，可以增加有关政府对农业企业的资金技术支持的指标，如政府农业补贴、政府对农业企业的转移支付以及农业企业人力资本水平等。这些资金和人才要素的优化不仅能够提高农业生产效率，还能增强农业产业供应链的整体韧性。

在主体创新能力方面，我国农业竞争力总体水平不高，主要原因是主体自主创新能力水平不高，特别是科技创新投入后劲不足和农业核心技术短板突出。因此，强化涉农企业的创新能力是提高农业竞争力的关键。农业科技创新投入具有长期性和不确定性。且所耗费的经费巨大，在项目投入后期中小型企业往往会因企业获益的需要减少甚至是暂缓研发项目经费投入力度，致使研发项目中断，影响企业研发创新进程。技术进步与农业生产发展的需要不相匹配，农业"卡脖子"问题严重，特别是在农业种业上我国农业作物育种技术仍存在较大提升空间。现有评价体系中的主体创新技术指标需要进一步完善，以反映最新的农业产业供应链的创新发展能力。如可以增加农业创新质量水平、农业发明专利授权数量等相关指标，通过加强农业科研创新能力，提升农业创新的质量来强化农业产业供应链革新能力，增强农业产业供应链的整体发展韧性。

评价指标体系经过调整与补充后，能够更全面地反映现代农业供应链在

---

① 李萍，何瑞石，宋晓松. 有效提升我国农业产业链供应链韧性 [J]. 宏观经济管理，2024（2）：61-69.

多变的环境中所面临的挑战和应对能力。通过引入与气候变化、数字化管理、资金和人才要素优化以及主体创新能力等相关的新指标，评价体系将更加适应当前的农业发展形势，有助于为供应链管理者提供更加科学、更加全面的决策支持。这种动态调整的评价体系不仅能够反映当前的现实情况，还能够预测未来可能面临的挑战，从而在更高层次上指导农产品供应链的可持续发展。

二、权重设置的动态调整

在权重设置方面，为了更好地反映不同时间段和地区的实际情况，建议引入动态调整机制。当前的权重设置主要依赖于历史数据和专家评估，这种静态的权重分配方式虽然在一定程度上能够反映供应链的现状，但随着时间的推移和外部环境的变化，某些指标的相对重要性可能会发生显著变化。因此有必要对权重进行动态调整，以确保评价体系的准确性和适用性。

例如，在经济快速增长的时期，技术创新往往成为推动供应链效率提升的重要动力，因此技术因素的权重可能需要相应增加。而在经济低迷或面临突发事件（如自然灾害、疫情）时，生产要素和物流因素的重要性则会显著上升，因为这些因素直接关系到供应链的基本运作和恢复能力。在这样的背景下，若仍采用固定权重进行评估，可能无法准确反映供应链的实际状况，甚至可能导致决策偏差。

可以考虑引入机器学习或其他数据驱动的方法来实现权重的动态调整。分析实时数据和环境变化，能够自动识别出各个指标在不同情境下的重要性，并据此调整权重。例如，使用时间序列分析、随机森林或深度学习模型，可以实时追踪各项指标的变化趋势和相互关系，从而动态地更新权重分配。这不仅能确保评价体系的灵活性，还能够更精确地捕捉环境变化对供应链韧性的影响。

动态调整机制还可以通过不断引入新数据来优化权重设置。例如，在新的数据和研究结果的基础上，定期重新评估各个指标的权重，确保评价体系始终处于最新的状态。这种动态调整不仅有助于提升模型的预测能力，还能够为管理者提供更为精准的决策支持，使其能够在复杂多变的环境中做出更加有效的应对策略。

通过引入权重设置的动态调整机制，评价体系将能够更好地适应不同环境下的变化需求，提供更加灵活和精准的供应链韧性评估。这种动态化的权重调整方式，不仅提升了评价的科学性和准确性，还为供应链管理者在应对不同挑战时提供了更具前瞻性的指导。

三、指标体系的区域适应性

为了进一步提高评价指标体系的普适性和适应性，建议在不同地区推广应用时，结合各地的具体情况，对评价指标体系进行本地化调整。不同地区的农业供应链由于自然环境、经济结构、技术水平等因素的差异，表现出各自的特征。例如，湖北省的农业供应链特征与东北地区或南方沿海地区相比，存在显著差异。若在这些地区直接应用同一套评价指标体系，可能无法准确反映当地的供应链韧性和实际需求。

具体而言，不同地区的农业供应链可能更多地依赖于不同的交通运输网络和本地化的生产要素，因此，环境因素和物流因素在该地区的权重可能相对较高。如在东北地区，气候条件对农产品生产和供应链的影响更为突出，气候适应性措施和技术创新等指标在特定地区可能需要占据更重要的位置。南方沿海地区则因为有发达的贸易和物流网络，可能需要更关注供应链的国际化程度和外贸依存度，在这些地区推广应用评价指标体系时，应根据地方特色和实际情况对指标的选择和权重进行适当调整。

这种本地化的调整，不仅能够确保评价体系更加适应不同地区的实际需求，还能显著提高其在各个区域的适用性和有效性。地方政府和供应链管理者可以根据调整后的指标体系，精准地识别出供应链中的关键弱点和优势，从而制定更加有针对性的优化策略。同时，调整后的指标体系也更容易被当地的企业和决策者接受和理解，从而促进其在实际管理中的应用和推广。

本地化调整还可以为跨区域的农业供应链合作提供有效的评估工具。通过对不同地区指标体系的协调和对接，能够帮助各地在合作中更好地理解和应对供应链风险，提升整体供应链的韧性和效率。

针对不同地区的具体情况对评价指标体系进行本地化调整，是提高体系普适性和适应性的关键措施。通过这种区域适应性的增强，评价体系不仅能够更准确地反映各地农产品供应链的实际情况，还能为各地区的供应链管理提供更加科学、实用的指导，进而推动全国范围内农业供应链的协同发展和持续优化。

四、引入定性与定量相结合的评价方式

为进一步完善农业供应链韧性评价指标体系，建议在现有的定量指标基础上，适当引入定性评价指标，以弥补单纯依赖定量分析的不足。定性与定量相结合的评价方式，不仅能够更全面地反映供应链的韧性特征，还能确保评价结果更加客观、全面。

在技术因素的评价中，可以引入专家打分或德尔菲法来评估技术创新的前景和潜力。技术创新往往涉及多个复杂因素，如新技术的研发进度、市场接受度以及对供应链效率的潜在影响等。通过专家打分或德尔菲法，可以充分利用行业专家的知识和经验，对这些因素进行深入评估，弥补定量数据无法完全捕捉的细节和趋势。这种定性评估能够为决策者提供更加深入的见解，帮助识别技术创新的关键驱动力和潜在风险。

在环境因素的评价中，定性分析同样具有重要作用。除了传统的环境数据外，社会舆论和政策支持度等因素也对农产品供应链的韧性产生重要影响。通过对社会舆论的监测和政策支持度的评估，可以更好地理解公众对环境问题的关注程度，以及政府在环境保护和农业支持方面的倾向性。这些定性信息能够为环境因素的定量评价提供有力补充，使评价结果更加全面、准确。

定性与定量相结合的评价方式还能够在供应链的风险管理中发挥重要作用。通过定性分析，可以识别出那些在定量数据中难以体现的潜在风险，如供应链中的道德风险、治理结构的不完善等。这些风险因素虽然不易量化，但对供应链的长期稳定性和韧性有着深远的影响。通过将这些定性因素纳入评价体系，可以更加全面地评估供应链的风险状况，进而制定更加有效的风险管理策略。

定性与定量相结合的方式也有助于提高评价体系的灵活性和适应性。在面对新兴挑战或特殊情境时，定性分析能够迅速提供初步的判断和建议，而定量分析则可以在数据积累和分析之后提供精确的结果。两者的结合使评价体系既能够应对复杂多变的环境，又能够在数据充分的情况下提供高精度的分析结果。

通过引入定性与定量相结合的评价方式，农业供应链韧性评价体系将更加全面、灵活，能够更准确地反映地区供应链的实际状况。定性分析提供的深入洞察和定量分析的精确结果相结合，不仅能够提高评价的科学性和客观性，还能为供应链管理者提供更加可靠的决策支持，助力农业供应链的持续优化和发展。

五、持续优化与完善的机制

为了确保农业供应链韧性评价指标体系的持续有效性，建议建立一个定期评估与反馈机制。这个机制的核心是通过持续的监测和改进，使评价指标体系始终保持科学性、适用性和前瞻性。

通过定期评估指标体系的有效性，可以及时发现和解决可能存在的问题。随着时间的推移，外部环境、技术发展和市场需求等因素都会发生变化，这些变化可能会影响到指标体系的准确性和适用性。有必要定期对体系进行评估，确定各指标的表现是否仍然符合当前的实际情况，并根据评估结果对指标进行必要的调整或更新。

在实际应用中，收集和分析用户的反馈意见也是优化指标体系的重要环节。不同地区、不同行业的供应链管理者在应用评价体系时可能会遇到各种实际问题和挑战。通过收集这些用户反馈，可以深入了解指标体系在实际操作中的表现，识别出潜在的改进点。鼓励用户提出建设性的意见和建议，使指标体系能够更加贴近实际需求。

反馈机制的引入将为指标体系的持续改进提供动态支持。通过对反馈意见的系统性分析，可以识别出共性问题和个性需求，从而制定出有针对性的优化方案。例如，如果某些指标在多个地区的应用中都被反映为难以操作或不够准确，则可以考虑替换或调整这些指标；如果某些新兴风险或机遇未被现有体系充分捕捉，则可以将其纳入下一轮的优化中。为了确保这一机制的顺利运行，可以设立一个专门的团队或委员会，负责定期评估和反馈的组织与实施。这个团队应由多领域专家组成，能够综合考虑技术、经济、环境等多方面因素，确保评价体系的优化方向正确且全面。同时这个团队还应定期发布评估报告和改进建议，为决策者提供最新的研究成果和实际应用中的经验教训。

通过这一持续优化与完善的机制，农业供应链韧性评价指标体系将能够不断适应环境的变化和新的挑战，保持其科学性、适用性和前瞻性。这不仅有助于提高供应链的整体韧性和应对能力，还能为相关政策制定和管理实践提供更为精准和有效的支持，推动农业供应链的可持续发展。

通过对农业供应链韧性评价指标体系的优化与完善，可以显著提升其评估的精准度和实用性。这不仅有助于更好地理解供应链的韧性特点，还能够为农业供应链的管理与决策提供更加坚实的理论基础和数据支持。未来通过不断优化和完善，农业供应链韧性评价指标体系将成为指导农业产业供应链可持续发展的重要工具。

第五章　供应链韧性建设关键要素

第一节　农业供应链韧性关键要素分析

农业供应链的韧性是指在面对自然灾害、市场波动、政策变化等外部冲击时，供应链维持稳定运行并迅速恢复的能力。提升农业供应链韧性需要综合考虑多个关键要素，这些要素共同决定了农业供应链的抗风险能力和恢复速度。

生产要素的保障是农业供应链韧性的基础。生产要素包括土地、水资源、种子和劳动力等核心资源，它们的可持续利用和合理配置直接影响到农业生产的连续性和供应链的整体稳定性。土地的肥沃度、水资源的可用性、种子的质量和劳动力的技能水平，都会影响农业生产的产量和质量，进而影响供应链的稳定性。如果这些生产要素得不到有效保障，供应链在面对外部冲击时将难以维持正常运作。确保这些资源的充足供应和高效使用，是提升供应链韧性的第一步。

技术创新和应用是提升农业供应链韧性的重要驱动力。随着科技的不断进步，农业技术的发展对供应链的优化和提升起到了至关重要的作用。精准农业技术能够通过精准监测和数据分析，提高资源利用效率和作物产量；数字化管理系统则通过实时数据的采集与分析，提升供应链各环节的协调性和响应速度；生物技术的应用可以提高农产品的抗逆性和质量。这些技术手段不仅提高了农业生产的效率，还增强了供应链对环境变化和市场波动的适应能力，确保农业供应链在复杂多变的环境中依然能够保持高效运作。

环境因素对农业供应链的影响不可忽视。气候变化、自然灾害和环境污染等外部环境的恶化，会对农业生产造成严重威胁，影响农业供应链的正常运作。例如，极端天气事件如干旱、洪水、台风、暴风雪等，都会直接影响农产品的生产和供应。因此，建立应对环境风险的机制至关重要，如灾害预警系统、环境保护措施和气候适应性策略等。这些机制能够帮助供应链提前应对可能的环境冲击，降低损失并加快恢复速度，从而提升整体韧性。

市场和政策因素也是影响农业供应链韧性的关键要素。市场需求的波动、价格的不确定性以及政策的变化，都会对供应链的稳定性产生直接影响。例如，市场需求的急剧变化可能导致供应链上游生产过剩或不足，而价格波动则会影响供应链的利润和可持续性。政策方面，政府的农业补贴、贸易政策、环境法规等，都会影响供应链的运营环境。建立灵活的市场应对机制和与政府政策的协同机制，能够有效减少外部不确定性对供应链的冲击，提高供应链的适应性和抗风险能力。

农业供应链的韧性建设需要综合考虑生产要素、技术创新、环境因素以及市场和政策因素。对这些关键要素的深入分析和系统管理，有利于保障供应链在面对各种外部挑战时，保持稳定的运行状态，并迅速恢复到正常水平，从而实现农业生产的可持续发展。

第二节 韧性建设的策略与方法

农业供应链的韧性建设是确保其在面对自然灾害、市场波动和政策变化等外部冲击时，能够保持稳定运作并迅速恢复的重要途径。为提升农业供应链的韧性，需要制定并实施一系列系统性的策略与方法。这些策略不仅要能够增强供应链的内部强度，还要能够提升其对外部环境的适应能力。

一、构建多元化的农业供应链结构

农业供应链的多元化结构是提升其韧性的基础，这种多元化不仅体现在供应来源的多样性上，还包括销售渠道的多元化和市场布局的广泛性。构建多元化的供应链结构，有利于农业供应链在单一节点发生故障或中断时迅速调整，显著降低整个供应链系统的脆弱性，增强其应对突发事件的能力。

在供应来源方面，农产品生产基地的多样化布局至关重要。这种布局可以有效分散因自然灾害、区域性问题或其他突发事件导致的生产风险。例如将生产基地分布在不同的气候带或地理区域，可以降低因单一地区极端天气或环境变化对整个供应链造成的影响。依靠多元化的供应商网络，也可以在一个供应商出现问题时，快速找到替代供应商，确保供应链的稳定性。

在销售渠道方面，采用线上与线下相结合的多渠道销售策略，使供应链可以更灵活地应对市场需求的变化。传统的线下销售渠道，如农贸市场和实体零售店，尽管依旧重要，但其市场覆盖面和反应速度往往受到限制。增加线上销售渠道，有利于供应链扩大市场覆盖范围，快速响应消费者的需求变化。线上销售平台的数据分析能力，还可以帮助供应链更好地预测需求趋势，优化库存管理和生产计划，进一步提高供应链的敏捷性和响应速度。

拓展国际市场的出口渠道也是增强供应链韧性的重要策略之一。国际市场的多样化布局，不仅可以帮助企业分散国内市场波动带来的风险，还能增加农产品的出口机会，提升供应链的抗风险能力。例如，在国内市场需求疲软的情况下，出口到需求旺盛的国际市场可以帮助企业维持收入和生产规模，避免因国内市场波动导致的生产中断或亏损。

多元化的供应链结构还体现在与供应链上下游合作伙伴的多层次协同上。建立广泛的合作网络，有利于供应链在任何一个环节出现问题时，迅速调动其他合作伙伴的资源进行补充和替代。这种多层次的协同机制，不仅能够提高供应链的整体韧性，还能增强供应链各环节的稳定性和可靠性。

构建多元化的供应链结构，是增强农业供应链韧性的重要策略。通过多样化的供应来源、销售渠道和市场布局，供应链能够更加灵活地应对各种不确定性，确保在面对外部冲击时依然能够保持稳定、高效的运作，从而保障农业生产和市场供应的连续性。

二、发展与应用先进的农业技术

技术创新是提升农业供应链韧性的核心驱动力，现代农业技术的应用在这一过程中扮演着至关重要的角色。这些技术不仅能够大幅提高农业生产的效率，还能够在供应链管理中发挥关键作用，确保供应链在面对外部冲击时保持高效运作。

精准农业技术通过实时监控和数据分析，显著提高了农业生产的精度和效率。精准农业利用卫星定位、遥感技术以及传感器网络等手段，实时获取土壤湿度、气温、光照等关键环境参数，从而精准调控农作物的种植环境。这种技术能够在确保高产量的同时，减少资源浪费，降低生产成本。例如通过精准施肥和灌溉技术，农民可以根据作物的具体需求，精确施用肥料和水资源，避免过度使用导致的环境污染和资源浪费。精准农业技术还可以通过数据的积累和分析，帮助农民更好地制订种植计划，预测产量，并在生产过程中及时做出调整，进一步提高生产的稳定性和可控性。

物联网（IoT）技术在农业供应链管理中的应用，实现了供应链各环节的无缝衔接，确保了信息传递的准确性和及时性。通过物联网技术，各类农业设备、传感器和系统能够互联互通，实时共享数据。例如，仓储管理系统可以与运输车辆、生产基地和销售平台无缝对接，实时监控产品的库存、运输进度和市场需求。这种信息化的管理方式，不仅提高了供应链各环节的协调性和响应速度，还能及时发现并解决潜在问题，避免因信息滞后或不对称导致的供应链中断或效率降低。物联网技术的应用，极大地提升了供应链的透明度和可控性，使整个供应链在面对复杂多变的市场环境时，能够更加灵活应对。

大数据分析在农业供应链中的应用，为管理者提供了更具前瞻性的决策支持。通过对市场需求、环境变化、生产数据和供应链运营状况的全面分析，大数据技术能够帮助管理者识别趋势、预测风险，并制定出更加精准和有效的供应链管理策略。例如，大数据分析技术可以通过分析历史数据和当前市场信息预测未来的市场需求变化，从而提前做好生产和库存管理准备，避免供需失衡。对环境数据的分析也能够帮助管理者预测气候变化对农产品生产的影响，提前部署应对措施，降低自然灾害对供应链的冲击。

发展与应用先进的农业技术是提升农业供应链韧性的重要路径。精准农业技术、物联网技术和大数据分析技术的广泛应用，不仅提高了农业生产的效率和稳定性，还优化了供应链的管理和运营能力。

三、建立强大的信息管理系统

信息管理系统是提升农业供应链韧性的重要工具，其核心作用在于确保供应链各环节的信息透明和实时共享，增强供应链的协调性和响应速度。通过建立一个强大而高效的信息管理系统，农业供应链可以实现生产、运输、存储、销售的全流程监控与管理，确保在面对各种外部冲击时能够快速、精准地做出反应。

供应链管理系统（supply chain management system，SCM）的应用能够实时跟踪产品的流通情况，帮助供应链管理者全面掌控供应链的动态。通过SCM，供应链中的每一个环节都能够被实时监控，管理者可以随时了解产品的生产进度、库存状态、运输路径以及到达时间等关键信息。当某一环节出现问题或异常时，系统可以立即发出预警，管理者可以根据实时数据迅速采取措施，避免问题扩大，减少潜在的风险。如果运输过程中出现延误，管理者可以根据系统提示，立即调整物流调度或寻找替代运输方案，从而确保产品按时交付，维护供应链的稳定性。

强大的信息管理系统能够实现供应链各环节的资源与需求集成，优化生产计划与物流调度。通过整合生产数据、市场需求信息以及供应链资源，信息管理系统能够帮助管理者更科学地制订生产计划，确保生产与市场需求的紧密匹配，避免供需失衡。系统可以根据市场需求预测，动态调整生产计划，确保在需求高峰期能够及时增加产量，而在需求低谷期则合理控制库存，避免过度生产。信息管理系统还可以优化物流调度，通过分析库存分布和订单情况，合理安排运输路线和仓储布局，减少运输成本和时间，提高物流效率。

信息管理系统还能够通过大数据分析和人工智能技术，为供应链管理者提供更具前瞻性的决策支持。通过对历史数据和实时数据的综合分析，系统可以识别出供应链中的潜在瓶颈和风险点，并提供相应的优化建议。系统可以根据历史数据预测某些产品在特定季节的销售情况，帮助管理者提前准备库存和物流资源，避免供不应求或过度库存的情况发生。通过引入人工智能技术还可以实现智能化的供应链管理，如自动调度、智能预测和风险防范，从而进一步提高供应链的韧性。

信息管理系统的建立还能够增强供应链的透明度和协同合作。通过信息系统，供应链上下游企业之间可以实现数据共享和协同作业，提高整体供应链的运营效率和响应速度。农产品生产者可以通过信息系统与零售商共享实时库存数据和市场需求信息，零售商则可以根据这些数据及时调整订单和采购计划，从而减少库存积压和销售断档。信息透明和共享还能够增强供应链各方的信任和合作，提高整个供应链的稳定性和可持续性。

建立强大的信息管理系统，是提升农业供应链韧性的关键措施之一。通过全面监控供应链的各个环节、集成资源与需求、应用大数据分析和人工智能技术，以及增强供应链的透明度和协同合作，信息管理系统能够显著提高供应链的协调性、响应速度和整体效率，使其在面对各种挑战时，能够更加灵活、稳健地运作，从而确保农业生产和市场供应的持续稳定。

四、强化风险管理和应急响应机制

在外部环境变化和突发事件日益增多的背景下，供应链的风险管理和应急响应机制建设显得尤为重要。这些机制不仅有助于供应链在面临自然灾害、市场波动和政策变化时保持稳定，还能显著减少潜在的损失，并加快供应链的恢复速度。

制定详尽的风险预案是有效管理供应链风险的关键步骤。通过系统的风险评估，供应链管理者可以识别出供应链中的薄弱环节，并预见可能发生的各种风险，如自然灾害、市场波动、供应链中断、价格波动、物流延误等。基于这些评估结果，管理者可以制定详细的风险预案，针对每一种潜在的风险都提出具体的应对措施。在自然灾害频发地区，可以制定应对极端天气的预案，如提前储备必要的物资，规划替代生产和运输路线；在市场波动频繁的情况下，可以预设价格波动应对策略，如锁定长期供应合同或开展市场套期保值操作。详尽的风险预案能够确保在风险发生时，供应链可以迅速做出反应，减少因不确定性带来的损失。

建立高效的应急响应机制是确保供应链韧性的重要手段。当突发事件发生时，应急响应机制可以帮助供应链各环节迅速协调，减少中断时间，保障供应链的连续性。供应链管理系统可以在第一时间发出预警，并自动激活应急响应程序，组织相关人员和资源迅速投入应对工作。各环节之间的快速协调，如调度替代供应商、调整运输计划、重组生产流程等，可以最大限度地降低突发事件对供应链的冲击。此外，应急响应机制还应包括定期的演练和评估，以确保在真实事件发生时，各方都能够按照计划高效行动。

在强化风险管理和应急响应机制的过程中，信息技术的应用可以大大提高效率和效果。通过风险监测系统、数据分析工具和实时通信平台，供应链管理者可以对潜在风险进行实时监控，并在风险发生前采取预防措施。物联网技术可以实时监控供应链中的关键节点，如仓库温度、运输路线、库存水平等，及时发现异常情况并发出预警；大数据分析则可以预测市场趋势和环境变化，提前制定应对策略。信息技术的应用能够使风险管理更加精准和高效，确保应急响应机制在突发情况下能够迅速启动并有效运作。

强化与外部利益相关方的合作也是提高风险管理和应急响应能力的重要方面。与政府部门、供应商、客户、金融机构等外部利益相关方建立紧密合作关系，可以在突发事件发生时获得更多的资源和支持。与政府部门合作，可以获得及时的政策信息和援助措施；与供应商和客户的合作，可以在供应链出现问题时迅速获得替代产品或调配资源；与金融机构的合作，可以确保在紧急情况下获得必要的资金支持。这种多方合作能够有效增强供应链的整体韧性和应对能力。

强化风险管理和应急响应机制是提升农业供应链韧性的关键措施之一。通过制定详尽的风险预案、建立高效的应急响应机制、应用信息技术以及强化外部合作，供应链可以在面对各种外部挑战时，保持稳定高效运作，并在最短时间内恢复正常。

五、加强与政府和政策制定者的合作

供应链韧性的提升在很大程度上依赖于政府和政策的支持。与政府和政策制定者的密切合作，是确保供应链在复杂多变的政策环境中保持稳定性和适应性的重要途径。通过协调与政府和政策制定者的关系，农业供应链可以获得更有利的政策环境和资源支持，从而增强其抵御外部挑战的能力。

政策支持是提升农业供应链韧性的关键因素之一。政府可以通过一系列政策措施，为农业供应链提供有力的保障。农业补贴政策可以帮助农户和供应链企业降低生产成本，提升产量和效益，从而增强其应对市场波动和自然灾害的能力。税收优惠政策则可以减轻供应链企业的财务负担，使其在资金运作和投资扩展方面更加灵活。政府还可以建立和完善风险保障机制，如农业保险和灾害救助基金等，以帮助供应链企业在遭遇突发事件时迅速恢复生产，减少损失。这些政策支持不仅直接增强了农业供应链的韧性，也为其长期发展奠定了坚实的基础。

技术援助和资金投入是政府支持农业供应链韧性建设的另一重要途径。通过提供技术援助，政府可以帮助农业供应链引入和推广先进的农业技术，如精准农业、物联网和大数据分析等，从而提升生产效率和管理水平。政府可以通过专项资金或低息贷款，支持农业供应链中的基础设施建设和技术创新项目，帮助企业提高抗风险能力。政府可以资助建设现代化的物流设施，改善运输和仓储条件，确保农产品在供应链中的流通更加高效和安全。

政策制定者与行业的协同合作对确保供应链的长期稳定发展至关重要。政策制定者应充分了解农业供应链的运行特点和实际需求，通过与行业专家、企业和学术界的紧密合作，制定出更加合理的产业政策和市场监管措施。针对供应链中的薄弱环节，可以制定专门的扶持政策，鼓励企业在这些领域进行投资和创新。合理的市场监管措施也有助于规范市场秩序，防止不公平竞争和市场垄断，从而为供应链的健康发展创造良好的环境。

政府还可以通过公共服务和基础设施建设，为农业供应链的韧性提升提供长期支持。例如，政府可以投资建设和维护农业信息平台，促进供应链各环节的信息交流和共享，提升供应链的整体协调性和响应速度。政府可以加强农业科研投入，推动农业技术的持续创新，为农业供应链的升级和发展提供源源不断的动力。

加强与政府和政策制定者的合作，是提升农业供应链韧性的重要策略。通过政策支持、技术援助、资金投入以及与行业的协同合作，农业供应链可以获得更为稳固的外部保障，在应对各种外部挑战时表现出更强的韧性和适应能力。

六、优化供应链的物流与仓储管理

物流和仓储管理是供应链运作的关键环节，其效率不仅决定了产品从生产到市场的速度和成本，还直接影响着整个供应链的韧性。优化物流网络布局和提升仓储管理水平，是减少供应链中断风险、增强供应链灵活性和响应速度的关键。

优化物流网络布局是提升供应链韧性的基础。通过建立多节点的物流网络，供应链可以在一个节点出现问题时迅速切换到其他节点，保障供应链的连续性。在全国范围内设立多个区域物流中心，可以有效分散物流压力，减少单一节点故障或自然灾害等突发事件造成的物流中断风险。这种分散化的物流布局，能够为供应链提供多重保障，确保产品能够及时运送到市场，满足消费者需求。

分散化的仓储布局是保障供应链稳定运行的另一关键措施。通过在不同地区设立多个仓储设施，供应链可以根据市场需求的变化和突发事件的影响，灵活调整库存和运输路径。分散化的仓储布局不仅可以降低单一仓储设施故障带来的风险，还能缩短产品的配送时间，提高物流效率。合理的仓储布局还可以优化库存管理，减少库存过多或库存不足的情况，确保供应链的平稳运行。

引入智能物流和自动化仓储技术，是提升物流和仓储管理效率的先进手段。智能物流技术可以通过实时数据监控、自动调度系统和优化算法，提升物流过程的精准度和效率。使用智能配送系统，能够根据实时交通状况、订单紧急程度和库存位置，自动选择最优配送路线和方式，从而降低运输成本并提高配送速度。自动化仓储技术则包括自动分拣、智能货架和机器人仓储等，这些技术能够显著提高仓储作业的效率和准确性，减少人工操作的误差和时间成本。智能物流和自动化仓储技术还可以通过数据分析和预测模型，优化库存管理和运输计划，进一步提升供应链的灵活性和响应速度。

优化供应链的物流与仓储管理是提升农业供应链韧性的重要环节。通过多节点的物流网络、分散化的仓储布局以及智能物流和自动化仓储技术的应用，供应链能够更有效地应对各种外部挑战，减少中断风险，增强灵活性和响应速度。

提升农业供应链韧性的策略与方法需要从多个方面入手，包括结构优化、技术应用、信息管理、风险控制和政策支持等。通过实施这些综合性策略，农业供应链将能够更好地应对外部环境的挑战，确保其在复杂多变的市场条件下，依然稳定、高效地运作，并持续推动农业的可持续发展。这种多维度的韧性提升策略，将为农业供应链的长远发展奠定坚实的基础，确保其在未来的市场竞争中立于不败之地。

第三节　供应链伙伴关系与协同机制

供应链协同（supply chain collaboration，SCC）是指供应链相关企业为了提升整体竞争力，通过彼此协调和相互努力所达成的一种合作模式。这一模式旨在通过协同优化多个关键业务领域，如增加销售、改善需求预测、实现精确和及时的信息交流、降低运营成本、减少库存以及改善客户服务水平等。[1] 供应链协同的关键在于通过有效的协作，提升整个供应链的综合竞争力，使各参与方能够共同获益。

在实际操作中，供应链的有形协同涵盖了采购、生产、销售和财务等多个方面。从运作管理的角度来看，供应链协同的战略和机制还包括信息共享、系统集成、协作计划编制、信息和决策的中心化、激励与补偿机制以及分配规则等。[2] 信息的不充分、不对称或信息扭曲，可能会引发协同问题，加大决策过程的不确定性。因此，提高信息处理能力、促进信息集中化和信息共享，成为供应链协同战略中不可或缺的重要组成部分。

在供应链协同的度量和评价方面，协同度量模型包含信息共享、同步决策和激励联盟三个维度，该模型比较全面地涵盖了供应链协同的内涵。[3] 信息共享是供应链协同的基础，它不仅能够减少信息不对称带来的风险，还能增强供应链各成员的决策有效性。同步决策则是在信息共享的基础上，通过协调各方的决策行动，实现供应链的整体优化。激励联盟则是通过建立合理的激励机制，确保各参与方在协同过程中积极配合，避免"搭便车"现象的发生。

供应链合作伙伴关系（supply chain relationship，SCR）是供应链协同的另一个重要维度。SCR指的是供应链成员之间在一定时期内通过信息共享、

---

[1] Whipple J M, Russell D. Building supply chain collaboration：A typology of collaborative approaches [J]. The International Journal of Logistics Management，2007，18（2）：174-196.
[2] 蔡淑琴，梁静. 供应链协同与信息共享的关联研究 [J]. 管理学报，2007（2）：157.
[3] Simatupang T M, Sridharan R. The collaboration index：A measure for supply chain collaboration [J]. International Journal of Physical Distribution & Logistics Management，2005，35（1）：44-62.

共担风险和共同获利而建立的合作关系。① 这种伙伴关系的形成通常是为了降低供应链的整体成本、减少库存、提高信息共享水平、改善沟通,并确保战略伙伴之间操作的一致性,从而增强竞争优势。SCR 不仅是一种基于互惠互利的合作模式,更是一种通过建立长期合作关系,增强供应链整体效率和竞争力的战略选择。在研究供应链协同的影响因素时,研究者提出了多种模型和理论。影响供应链协同的关键因素包括联盟伙伴关系、协同策略以及技术实施等。②

在供应链协同机制的实际运作中,信任、沟通、承诺和权力等因素对协同运作的影响尤为重要。信任机制能够显著提升信息共享的水平和质量,从而增强供应链的整体运作效率。③ 供应链伙伴间的信任对信息共享有直接影响,并进一步影响企业的运营绩效,而关系承诺对信息共享的影响则相对不显著。叶飞等的实证研究表明,珠三角地区制造企业的供应链伙伴间的信任对信息共享有直接影响,并间接影响企业运营绩效,而关系承诺对信息共享的影响并不显著。④ 毛文晋等的研究也表明,在北京市消费类 IT 产品行业中,零售商与供应商之间的信任对信息共享意愿的影响最大。⑤

供应链协同和合作伙伴关系是提高供应链整体竞争力的重要途径。通过优化信息共享、同步决策和激励机制,可以有效提升供应链的运行效率和市场响应能力。在农业供应链领域,合作社主导的供应链协同机制通过严格的监督策略和激励措施,能够显著提高协同效率,但监督成本的增加可能不利于合作社的收益。⑥ 有研究者提出的协同结构模型,通过实际案例验证了协

---

① 王非,胡信步. 供应链管理若干问题研究综述 [J]. 人文地理,2005 (3):26-30.
② 张翠华,周红,赵淼. 供应链协同的因素模型及对我国的启示 [J]. 现代管理科学,2005 (6):53-54.
③ Akkermans H, Bogerd P, Van Doremalen J. Travail, transparency and trust: A case study of computer-supported collaborative supply chain planning in high-tech electronics [J]. European Journal of Operational Research, 2004, 153 (2): 445-456. Li S, Lin B. Accessing information sharing and information quality in supply chain management [J]. Decision Support Systems, 2006, 42 (3): 1641-1656.
④ 叶飞,徐学军. 供应链伙伴关系间信任与关系承诺对信息共享与运营绩效的影响 [J]. 系统工程理论与实践,2009 (8):36-49.
⑤ 毛文晋,江林. 影响零售商与供应商信息共享意愿的行为因素分析 [J]. 河北经贸大学学报,2008 (1):66-72.
⑥ Huo Y, Wang J, Guo X, et al. The collaboration mechanism of agricultural product supply chain dominated by farmer cooperatives [J]. Sustainability, 2022, 14 (10): 5824.

作计划在农业供应链中的应用效果。①

然而在实际操作中,供应链协同仍面临诸多挑战。首先,信息不对称和信息失真可能导致协同效果的降低。尽管信息技术的进步在一定程度上缓解了这些问题,但仍需进一步提升信息处理和共享的能力,以确保供应链协同的有效性。其次,各方利益的冲突也是影响协同的关键因素。供应链中的各个成员往往有不同的利益诉求和风险承受能力,这使得在决策和执行过程中,可能出现"搭便车"行为或"机会主义"倾向,从而破坏整体的协同效果。为此,建立有效的激励机制和信任体系,是确保供应链协同顺利实施的重要保障。再次,技术的迅速发展对供应链协同提出了新的要求。随着物联网、大数据和人工智能等新兴技术的广泛应用,供应链的管理方式也在发生深刻变革。如何利用这些技术提升信息共享的效率和决策的精准度,是当前供应链协同研究的重要课题。在这一背景下,供应链管理者需要不断更新技术工具,优化协同流程,以适应快速变化的市场环境和技术进步带来的挑战。最后,供应链的全球化趋势也对协同机制提出了新的挑战。在全球化背景下,供应链的复杂性和不确定性显著增加,尤其是在跨国供应链中,各国的法律法规、文化差异和市场条件都可能影响供应链的协同效果。供应链管理者不仅需要关注内部的协同机制,还需要考虑外部环境对供应链协同的影响,制定相应的策略以应对全球化带来的挑战。

供应链协同和合作伙伴关系是现代供应链管理中不可或缺的组成部分。通过构建有效的协同机制和建立牢固的合作伙伴关系,企业能够在竞争激烈的市场环境中保持竞争优势,提升供应链的整体效率和响应能力。② 在实施这些策略时,需要考虑诸多影响因素,并通过不断优化和调整,确保供应链协同的有效性和持续性。

在未来的研究中,如何进一步深化对供应链协同机制的理解,探索新的协同模式,并结合新兴技术的应用,将是供应链管理领域的重要方向。针对不同的行业和市场条件,开发更具针对性的协同策略和工具,也将有助于提

---

① Fang L, Meng X. Research on collaborative structures of agricultural supply chains [C] International Workshop on Intelligent Systems and Applications. IEEE, 2009: 1-4.
② 曾文杰. 基于合作关系的供应链协同效应提升策略研究 [J]. 物流工程与管理, 2010 (5): 66-69.

升供应链的整体竞争力和运营效率。通过这些努力，供应链协同将不仅成为提升企业竞争力的重要手段，更将为全球供应链的可持续发展提供有力支持。

第四节 农产品供应链供应商管理与关系协同

农产品供应链从生产到销售涉及多个环节，供应商管理与关系协同在确保整个供应链的稳定性和效率方面发挥着至关重要的作用。有效的供应商管理和关系协同不仅能够保障原材料的稳定供应，还能增强供应链的整体韧性，提升其应对市场变化和外部挑战的能力。

在农产品供应链中，供应商管理是确保链条稳定运作的重要环节。通过严格的供应商选择、科学的评估、持续的培训和全面的绩效管理，供应链管理者可以显著提升整个链条的效率和稳定性。选择合适的供应商，并与之建立长期合作关系，可以确保供应的连续性与稳定性。例如，与供应商签订长期合同，不仅可以保障原材料的持续供应，还能在价格波动时提供一定的成本控制。定期对供应商进行评估，确保其生产能力和产品质量能够持续满足供应链的需求，是保障供应链韧性的关键措施。评估内容应涵盖生产能力、质量控制、交货准时率、价格稳定性以及可持续发展实践等方面。通过这些严格的标准和持续的监督，供应链可以在面对市场波动和突发事件时保持稳定的供应能力。

关系协同则是指供应链中不同节点的企业之间建立战略合作伙伴关系，通过信息共享和资源协调来实现供应链的整体优化。在农产品供应链中，关系协同能够有效降低成本、提高运行效率和经济收益。供应链各节点通过共享市场信息和库存数据，能够更好地协调生产计划与物流安排，避免过度库存或供应不足的情况发生。这种协同合作不仅能够提高整个供应链的反应速度，还能通过共同应对市场变化和风险，增强供应链的整体韧性。

信任机制和信息共享是实现农产品供应链协同的基础。通过建立供应链各方之间的信任关系，可以增强合作意愿，减少信息不对称带来的误解和误判。信任关系的建立不仅依赖于长期的合作和良好的沟通，还需要通过透明的操作和明确的责任划分来维护。信息共享则帮助供应链成员更好地理解市场趋势和客户需求，从而做出更加精准的决策。现代供应链管理系统可以实时共享生产计划、市场需求预测和库存状态等关键信息，帮助供应商及时调整生产和供应策略，确保供应链的高效运作。通过数据共享平台，供应商可以实时掌握市场需求变化，并根据这些变化调整供货量和供货速度，避免供需不匹配的问题。

农产品供应链的协同机制研究主要集中在如何通过协调供应链中各节点的行为来实现整体优化。这一研究涵盖了战略层、战术层和操作层的协同合作。战略层面上，供应链成员可以共同制定长期发展目标和风险应对策略，确保整个供应链在实现短期目标的同时，保持长远发展的方向。战术层面上，重点在于优化生产计划和库存管理，确保各环节的资源配置和生产节奏高度协调。操作层面上，实现实时的信息共享和资源协调至关重要，通过精细化管理和实时监控，供应链能够迅速应对突发情况，确保各节点的顺畅运作。

农产品供应链的供应商管理与关系协同对提高供应链的效率和降低成本至关重要。通过多元化的供应商选择、严格的评估与管理、稳定的合作关系、信息共享机制的建立，以及风险共担与利益共享机制的实施，可以实现供应链的协同运作，提升整个系统的韧性和应对能力。

第五节　农产品供应链物流管理与协同优化

物流管理在农产品供应链中扮演着至关重要的角色，其效率直接影响到供应链的整体韧性和运营效率。通过优化物流网络布局和提升协同管理水平，农业供应链可以有效减少中断风险，增强灵活性与响应速度，从而确保供应链在面对各种外部挑战时仍能高效运作。

一、优化物流网络布局

优化物流网络布局是提升农产品供应链韧性的重要措施，其核心在于通过合理分布和配置，减少单一节点故障对整个供应链造成的影响。在传统的集中式物流模式下，供应链各环节通常依赖于几个关键节点的运作，一旦某个节点出现问题，整个供应链便可能面临中断的风险。为有效应对这种风险，供应链管理者应采取多节点的物流网络布局策略,通过在不同地理区域设立多个物流中心,来分散物流压力,降低区域性风险对供应链的整体影响。

在农产品供应链中,分散的冷链物流中心布局是一个典型的例子。农产品通常对温度和保存条件有严格的要求,冷链物流在确保产品从生产到消费者手中全程保鲜方面起着至关重要的作用。通过在全国范围内设立多个冷链物流中心,供应链管理者可以确保产品在运输过程中始终处于最佳温度,从而避免因物流中断或设备故障导致产品变质或损失。这种多节点布局不仅能够提高物流系统的安全性和可靠性,还能缩短运输距离,减少冷链物流的能耗和成本,提高整体供应链的运作效率。

分散化的仓储布局也是提升供应链应变能力的关键措施。通过在不同地区设立多个仓储设施,供应链可以根据市场需求和突发事件的变化,灵活调整库存和运输路线,确保供应的连续性。在市场需求高峰期,供应链可以利用分布在各地的仓储设施,快速调配产品,满足不同区域的需求;在遇到突发事件如自然灾害或交通中断时,分散的仓储布局也能提供替代路径和备用资源,防止供应链中断。

分散化仓储布局不仅降低了单一仓储设施出现故障时的运营风险,还能显著缩短产品的配送时间,提升物流效率。通过将仓储设施靠近市场和消费区域布局,供应链能够更快速地响应消费者的需求,减少因长途运输带来的延误和损耗。多节点的仓储网络还可以支持供应链的灵活性,在供应过剩的情况下,仓储设施可以通过储存多余产品来平衡市场供需,在供应短缺时则迅速调配库存,确保市场的稳定供应。

优化物流网络布局,建立多节点的物流中心和分散化的仓储设施,是提升农产品供应链韧性的重要策略。通过这种布局方式,供应链不仅能够更好地应对各种外部风险和市场波动,还能提高整体运营效率和灵活性,为农产品的稳定供应和质量保障提供坚实的基础。这种多层次的物流网络布局,不仅有助于减少单一故障对供应链的影响,还能增强供应链在复杂环境中的持续运作能力。

二、引入智能物流技术

智能物流技术的应用是优化农产品供应链物流管理的关键手段,它通过引入先进的自动化设备、智能管理系统和数据分析工具，显著提升物流的效率和准确性。随着技术的不断进步，传统物流模式的局限性逐渐显现，而智能物流技术为供应链管理带来了全新的变革和提升。

智能仓储系统的应用大大提高了仓储作业的效率和精度。智能仓储系统可以通过自动分拣设备、智能货架管理和实时库存监控，实现仓储操作的高度自动化和智能化。自动分拣设备能够快速、准确地对货物进行分类和处理，极大地减少了人工操作的错误率，同时大幅降低了作业时间和成本。智能货架管理则通过优化货物的存放位置和出库顺序，提高了仓库空间利用率和出入库效率。实时库存监控系统能够全天候监测仓库中的库存情况，确保库存数据的准确性和及时性，避免因库存不准确导致的断货或积压问题。

自动化运输系统通过优化运输路径和动态调度，进一步提高了物流效率并降低了物流成本。智能运输系统能够根据实时的交通状况、订单紧急程度和车辆位置等信息，自动生成最优运输路线，确保货物能够以最短的时间和最低的成本送达目的地。自动化运输系统还可以通过动态调度功能，根据实际情况调整运输计划，灵活应对突发情况，如交通堵塞、天气变化或运输需求的临时变化。这种智能调度不仅提升了运输效率，还减少了运输过程中可能出现的延误和风险。

全程可视化管理是智能物流技术的重要优势之一，它通过物联网技术的应用，使得供应链管理者能够实时监控产品从生产到销售的每一个环节。通过物联网设备的广泛部署，物流车辆、仓储设施和产品可以实现互联互通，管理者可以实时获取关于运输状态、环境条件和库存水平的精确数据。在农产品供应链中，管理者可以通过物联网技术实时监测冷链物流中的温度和湿度，确保产品在运输过程中始终处于最佳保存状态，避免因环境变化导致的质量下降。这种全程可视化管理不仅提高了供应链的透明度，还增强了管理者对物流流程的掌控能力，能够及时发现并解决潜在问题，减少供应链中断的风险。

智能物流技术还为供应链管理提供了强大的数据分析能力。通过对物流过程中收集的海量数据进行分析，管理者可以深入了解供应链的运作状况，识别出瓶颈和薄弱环节，并基于数据分析结果制定出更加精准的优化策略。数据分析可以帮助管理者预测市场需求的变化趋势，提前调整物流和库存策略，以应对可能出现的供需波动。这种基于数据驱动的决策模式，使得供应链管理更加科学和高效。

引入智能物流技术，为农产品供应链的物流管理带来了全面的优化和提升。通过智能仓储系统、自动化运输系统、全程可视化管理和数据分析工具的应用，供应链不仅在效率和准确性上得到了显著提高，还增强了应对突发情况的能力。

三、协同优化供应链物流

供应链的协同优化是提升物流运作效率和整体供应链韧性的重要手段，需要供应链各环节的紧密配合与合作。通过供应链上下游企业之间的协同合作，资源可以得到高效整合，信息实现实时共享，从而进一步提升物流运作的效率和响应能力。

供应链上下游企业之间的信息共享是实现协同优化的基础。通过构建信息共享平台，供应链中的生产者、物流服务提供商和零售商可以实时交换市场需求、生产计划和库存数据。这种透明的信息流通使得各环节能够协调一致，确保物流安排与生产节奏、市场需求高度匹配。在农产品供应链中，生产者可以根据市场需求变化调整生产计划，而物流服务提供商则可以根据生产进度和库存水平，优化运输和配送计划。这种实时的信息共享不仅能够有效减少库存积压和产品短缺的风险，还能降低物流成本，提升供应链的反应速度和市场适应性。

在协同优化过程中，建立统一的物流标准和流程至关重要。标准化的物流操作能够减少各环节之间的差异化处理，提高物流作业的一致性和效率。通过统一的包装标准，物流企业可以更有效地利用仓储空间和运输工具，降低运输成本。统一的标签和运输要求则可以简化物流操作流程，减少因不同标准导致的错误和延误。标准化的物流流程不仅有助于提高操作效率，还能够确保整个物流链条的顺畅运行，避免因不规范操作导致的损失。

供应链各环节应共同制定和遵守物流操作规范，以确保协同合作的顺利进行。这些操作规范应包括从生产到配送的各个环节，涵盖货物的包装、装卸、运输、存储以及信息处理等内容。例如，在装卸环节，统一的操作规范可以确保货物在装卸过程中不受损坏，减少因操作不当导致的延误和成本增加。在信息处理方面，规范的数据格式和传输标准可以确保信息在各环节之间的顺畅流通，避免信息误差和延迟。

资源整合是协同优化供应链物流的另一重要方面。通过供应链上下游企业的合作，资源可以得到最优配置。物流服务提供商可以整合多个供应商的货物，优化运输路线，减少空载率，从而降低运输成本。生产者和零售商也可以通过联合仓储和配送，减少库存压力和物流费用。这种资源的协同整合，不仅提高了供应链的运作效率，还增强了供应链的灵活性和应变能力。

协同优化还要求各方在风险管理和应急响应方面密切合作。在遭遇突发事件或市场波动时，供应链各环节应能够迅速协调，采取一致的应对措施。例如，当某个供应链节点出现问题时，各方可以通过预先制订的应急计划，快速调整物流和生产安排，避免因单一环节的中断而影响整个供应链的运作。这种协同的应急响应机制，有助于提高供应链的抗风险能力和稳定性。

供应链的协同优化通过加强上下游企业之间的合作和信息共享，可以大幅提高物流运作的效率和灵活性。通过建立统一的物流标准、共同制定操作规范、整合资源以及协同应对风险，供应链能够更加高效地运作，确保在复杂多变的市场环境中保持竞争力和适应性。

四、风险管理与应急响应

物流管理中的风险管理和应急响应能力是确保供应链韧性的关键因素。在面对突发事件时，如自然灾害、交通阻断或市场剧变，供应链的物流系统需要具备迅速调整和恢复的能力，以确保整个链条的连续性和稳定性。有效的风险管理与应急响应不仅能降低潜在损失，还能帮助供应链在危机中迅速恢复并维持运作。

建立全面的风险预警机制是物流风险管理的基础。通过风险预警机制，供应链管理者可以提前识别和评估可能对物流系统造成影响的潜在风险。利用大数据分析和预测模型，管理者能够通过对历史数据、实时信息和外部环境的综合分析，识别出物流链中的薄弱环节和潜在风险。例如通过天气数据分析，物流系统可以预测极端天气可能对运输造成的影响，提前规划替代运输路线；通过交通数据和市场需求变化的分析，管理者可以评估交通阻断或市场波动对物流的可能冲击，并及时调整物流计划。

制定完善的应急预案是确保物流系统在突发事件中能够快速响应的关键。应急预案应覆盖供应链的所有环节，包括运输、仓储、装卸等。应急预案的核心是确保在突发事件发生时，各物流环节能够迅速协调，采取一致的应对措施，以尽量减少中断时间和降低损失。在交通阻断的情况下，物流管理者应能够立即启动备用运输路线，并通知相关合作伙伴做好配合准备；在自然灾害发生时，仓储设施应有能力保护储存的货物免受损坏，并根据情况调整库存分布。

应急预案的动态更新和演练也是至关重要的。供应链环境和外部条件不断变化，因此应急预案需要定期审查和更新，以确保其持续有效。通过定期的应急演练，供应链各环节的人员和系统可以熟悉应急流程，确保在实际突发事件中能够高效执行预案，减少混乱和误操作。

大数据分析和信息技术的应用，为风险管理和应急响应提供了强有力的支持。通过大数据分析，供应链管理者能够更好地理解和预测风险，制定更具前瞻性的风险管理策略。物流系统可以通过实时数据监控物流车辆的运行状态、路况信息和天气变化，及时发现潜在的运输风险并采取预防措施。信息技术的应用还可以实现物流系统的全程可视化管理，确保管理者在突发事件中能够迅速获取准确的信息，并做出及时决策。

供应链各环节的协同合作是提升应急响应能力的重要保障。供应链上下游企业、物流服务提供商和其他相关方应建立紧密的合作关系，共同制定应急预案并在危机发生时协调行动。例如，在运输中断的情况下，供应商和生产商可以调整生产和发货计划，物流服务提供商可以提供替代运输方案，零售商可以调整库存策略，确保市场供应的连续性。这种协同合作不仅提高了物流系统的应变能力，还增强了整个供应链的韧性。

第六章 风险管理与危机应对

在现代农产品供应链中，随着全球化的发展和外部环境的日益复杂，供应链面临的风险源日益多样化和不可预测，供应链的风险管理与危机应对能力变得尤为重要。第六章将探讨农产品供应链中的主要风险源及其评估方法，分析危机管理与应急预案的制定，结合实践案例研究风险应对策略，并探讨农产品供应链韧性风险管理模式的构建和技术方法的创新。

第一节 农产品供应链中的风险源与风险评估

一、农产品供应链中的风险源

农产品供应链的全球化扩展和农产品自身的特性使得供应链面临的风险不断增加。随着全球采购、销售和运输的推进，供应链的不确定性被分散到全球市场，各环节的风险管理难度显著提升。农产品供应链的全球流通使其暴露在不同的政治、经济和社会环境中，这些因素带来的复杂性增加了管理的挑战。国际市场的波动、跨国运输的延误、各国政策的变化以及贸易壁垒的设立，都是可能对农产品供应链产生重大影响的风险源。[①] 这些全球化的因素不仅提高了供应链管理的难度，也导致了风险的分散性和复杂性显著增加。

农产品供应链面临的另一个主要外部风险来源于自然灾害。由于农产品生产高度依赖自然条件，极端天气事件（如洪水、干旱、飓风和地震等自然灾害）对农产品的生产和运输都会造成严重影响。自然灾害不仅直接削减了农产品的产量和质量，还可能导致供应链的中断，使市场供应不足，进而引

---

① 樊星，邵举平，孙延安. 基于模糊理论的跨国农产品供应链风险识别与评估 [J]. 科技管理研究，2016（6）：210 – 215.

发价格波动。

市场波动和经济不确定性也是农产品供应链中不可忽视的重要风险源。农产品价格受多种因素影响，包括供求关系、生产成本、国际贸易政策以及市场预期，这些因素使得价格极易出现剧烈波动。全球经济的衰退或繁荣、汇率的波动、能源价格的变化，都会对农产品市场需求和价格产生深远的影响。在农产品行业，特别是价格高度敏感的领域，这种市场的不稳定性显著增加了供应链各环节的运营风险。

政策变化对农产品供应链也构成了重大风险。各国政府的农业政策、贸易政策和环保政策等对农产品的生产、加工、运输和销售有着直接影响。贸易保护主义的抬头、关税政策的调整、进口限制或出口禁令等政策变动，可能直接影响农产品的跨国流通，进而对供应链的整体运行效率造成冲击。

物流中断和供应商失效也是农产品供应链中不可忽视的风险因素。农产品的易腐性和对保鲜的高要求，任何物流环节的延误或中断，都会导致产品质量下降，甚至引发供应链的整体中断。供应商失效，如无法按时交付产品、产品质量不达标或供应商倒闭等情况，会给供应链带来巨大的压力和挑战，影响其正常运作。

农产品的固有特性也使其供应链面临着更高的风险。农产品具有明显的季节性和周期性，生产和供应往往集中在特定的时间段内，这使得供应链在这些时段内的压力骤增。易耗性和对保存条件的高要求，使农产品在运输和储存过程中极易受损。这进一步增加了供应链运作的复杂性和风险，使其在面临突发情况时更加脆弱。

二、农产品供应链中的风险评估

农产品供应链的复杂性和多样性使得风险评估成为供应链管理中不可或缺的一部分。为有效识别、量化和优先化这些风险，各种科学的评估方法被广泛应用，以制定针对性的应对策略。

农产品供应链的风险评估方法在过去的研究中得到了广泛的探讨和应用。丁伟东等提出的供应链可靠性评估矩阵，通过模糊综合评估的方法来计算各节点企业的风险大小。这种方法的优势在于能够处理供应链中的不确定性和模糊性，特别适合像农产品供应链这样具有高度复杂性和易变性的系统。[1]几位美国学者采用了一种从风险事件的概率和结果两个角度出发的半定量化评估方法。他们的方法将风险的发生概率与其潜在后果相结合，为供应链管理者提供了一个更具实用性的风险评估工具。[2] 这种方法能够帮助管理者更精准地预测和应对潜在风险。近几年最常用的 AHP 分析法，[3] 通过分层次的方式来评价供应链中的风险因素。AHP 分析法能够将复杂的决策问题分解为多个层次，从而帮助管理者识别和优先处理供应链中的关键风险因素。这种方法特别适用于需要在多种风险因素之间进行优先级排序的情境。在特定的农产品供应链风险评估领域，有学者指出，农产品的季节性、多样性和复杂性是其质量安全问题的根本原因。[4] 国内学者将生鲜农产品的突发事件分为三类，并引入贝叶斯网络推理算法，构建了生鲜农产品供应链突发事件的贝叶斯网络风险评估模型。[5] 贝叶斯网络因其处理复杂因果关系和不确定性的能力，在农产品供应链风险评估中具有重要应用价值。张东玲等则从质量安全的视角出发，根据农业规范标准建立了农产品供应链质量安全风险评估指标体系，并采用 Logistic 回归建立了联立方程模型，提出了具体的风险评估分析方法。[6] 随着技术的进步，新的风险评估方法不断涌现。例如，OWA 算子、[7]支持向量机（SVM）[8] 和金融工具 CVaR[9] 等新方法为风险评估提供了更加精准和有效的工具。这些方法在处理大规模数据、复杂非线性关系和多维风险

---

[1] 丁伟东，刘凯，贺国先. 供应链风险研究［J］. 中国安全科学学报，2003（4）：64-66.
[2] Hallikas J, Karvonen I, Pulkkinen U, et al. Risk management processes in supplier networks [J]. International Journal of Production Economics, 2004, 90 (1): 47-58.
[3] Schoenherr T, Tummala V M R, Harrison T P. Assessing supply chain risks with the analytic hierarchy process: Providing decision support for the offshoring decision by a US manufacturing company [J]. Journal of Purchasing and Supply Management, 2008, 14 (2): 100-111.
[4] Larson P D. Designing and managing the supply chain: Concepts, strategies, and case studies [J]. Journal of Business Logistics, 2001, 22 (1): 259.
[5] 徐娟，章德宾. 生鲜农产品供应链突发事件风险的评估模型［J］. 统计与决策，2012（12）：41-43.
[6] 张东玲，朱秀芝，邢恋群，等. 农产品供应链的质量系统集成与风险评估［J］. 华南农业大学学报（社会科学版），2013（1）：24-34.
[7] 颜波，石平，丁德龙. 物联网环境下的农产品供应链风险评估与控制［J］. 管理工程学报，2014（3）：196-202.
[8] 舒彤，葛佳丽，陈收. 基于支持向量机的供应链风险评估研究［J］. 经济经纬，2014（1）：130-135.
[9] 颜波，石平，王凤玲. 基于 CVaR 的农产品供应链风险评估与控制［J］. 软科学，2013（10）：111-115.

评估方面展现出独特的优势，为农产品供应链的风险管理提供了新的思路。

第二节 危机管理与应急预案制定

在农产品供应链中，突发事件的不可预测性和高破坏性要求企业必须具备完善的危机管理和应急预案体系。危机管理的核心在于识别潜在风险、制定应对策略、建立快速反应机制，而应急预案的制定则是确保在突发事件发生时能够迅速实施有效的应对措施。

一、危机识别与管理体系的建立

危机管理的首要任务是识别供应链中潜在的危机源，并建立一个系统化、清晰的危机管理体系。面对自然灾害、市场波动、政策变化和物流中断等多重风险，科学有效的危机管理体系不仅能帮助识别和应对潜在危机，还能确保供应链的连续性和稳定性。

危机管理体系的建立需要明确的组织结构和责任分工。设立专门的危机管理部门或团队，确保在危机发生时能够迅速做出科学决策是至关重要的。这一团队应由农业生产专家、物流管理人员、市场分析师以及政策顾问等多方力量组成，各自承担明确的职责。农业部门应负责生产环节的监控和调度，确保农产品的生产不受危机影响。物流部门则负责运输调度和应急响应，保证供应链中的物流环节能够顺畅运作。市场部门则需密切监控市场动态，通过调控手段稳定农产品价格，防止市场波动引发的连锁反应。各个部门的协同合作，确保了危机发生时，供应链能够迅速反应，减少损失。

建立一个多维度的风险预警系统是危机管理的核心。这一系统应整合气象数据、市场信息、政策动态和物流状况，通过大数据技术进行预测和监控。例如，在天气变化方面，风险预警系统可以利用气象数据提前发布自然灾害预警，提醒农业生产部门采取必要的防范措施。市场监控系统则能够实时跟踪农产品价格波动，及时为市场部门提供调控依据，防止价格大幅波动对供应链产生不利影响。同时政策分析工具可以预测可能的政策变化，并提前制定应对方案，为管理决策提供科学支持。通过这些预警机制，危机管理团队能够在危机发生前采取预防措施，将潜在风险降至最低。

决策流程的设计是危机管理体系中至关重要的一环。在突发事件中，快速反应和高效决策是减少损失的关键。决策流程应当简洁高效，赋予危机管理团队一定的自主决策权，以便在紧急情况下迅速采取行动。例如，当自然灾害突然发生时，农业部门应立即启动应急预案，调动储备物资，保障农产品供应的连续性。物流部门则应重新规划运输路线，避开受灾地区，确保农产品能够顺利送达市场。市场部门可以通过调控手段，平抑因灾害引发的价格波动，稳定市场供应。通过这些快速决策和应急响应，危机管理团队能够最大限度地减少危机带来的影响，确保供应链的稳定运行。

危机管理体系的有效性不仅取决于平时的预防措施，还需要通过实际的演练来验证和改进。定期组织模拟演练，能够帮助各部门熟悉应急预案的操作流程，发现潜在的问题和不足。演练结束后，及时总结经验教训，更新和改进危机管理预案，使其更加适应未来可能出现的突发事件。通过这种持续的演练和改进，危机管理体系能够保持高度的敏感性和应对能力，确保在任何突发情况下，供应链都能够迅速恢复正常运作。

信息共享与沟通机制是确保危机管理体系有效运作的基础。通过建立统一的信息共享平台，将农业生产数据、市场动态、物流信息和政策变化等多方面信息集中管理，能够确保各部门之间的沟通畅通。例如，农业部门可以通过信息平台实时更新农产品生产情况，物流部门可以监控运输路线和配送情况，市场部门可以分析价格波动和消费需求。这种信息的实时共享，不仅提高了危机管理的整体协调性，还能够大幅提升反应速度，使危机处理更加及时有效。

通过识别我国农业产业供应链中的多种潜在危机源，并建立一个系统化的危机管理体系，企业和政府能够更好地应对突发事件，确保供应链的连续性和稳定性。这个体系的建立不仅依赖于科学的风险评估和预警机制，还需要明确的组织结构、高效的应急响应机制以及持续的演练与改进。通过将这些要素有机结合，我国农业产业供应链将在面对复杂多变的环境时，展现出更强的韧性和应对能力，为我国农业的可持续发展提供有力保障。

二、应急预案的制定

在我国农业产业供应链中，突发事件的不可预测性要求企业必须制定详细且可操作的应急预案。这些预案不仅要确保在危机发生时能够迅速响应，还需要保证供应链的连续性和稳定性。针对我国农业产业的特殊性，应急预案的制定应涵盖组织结构、应急响应机制、资源保障计划以及信息传递与沟通渠道等关键要素。

（一）应急组织结构的建立

在我国农业产业供应链中，突发事件往往涉及多个环节，因此建立一个高效的应急组织结构至关重要。应急预案中应明确设立一个应急指挥中心，由供应链管理、生产、物流、财务以及公共关系等部门的负责人组成。该指挥中心的核心任务是确保在危机发生时，各部门能够迅速行动，协调一致地执行应急措施。

例如，在南方地区遇到台风袭击导致大面积农作物受灾时，指挥中心应立即启动应急预案，农业部门负责协调各地的生产资源，迅速统计受灾情况并组织补种或转移；物流部门则需重新规划运输路线，确保灾区的农产品能够及时调运到其他市场，避免损失扩大；市场部门通过调控手段，防止因供应减少引发的价格波动。①

通过这样的组织结构设置，确保各部门职责明确，指挥中心能够在第一时间做出决策并统一部署应急行动，从而最大限度地减少灾害对供应链的影响。

（二）应急响应机制的设计

我国农业产业供应链面临的风险多样且复杂，因此需要制定灵活的应急响应机制，以应对不同类型的突发事件。应急预案中应详细规定在各种危机情境下的具体应对步骤，如何在供应商失效的情况下迅速启动备选供应商网络，或者在物流中断时如何利用替代运输路线确保产品的及时配送。

例如，在我国北方某地暴发严重的疫情导致物流受阻时，预案中应包含如下应对措施：（1）立即启动本地备选供应商网络，从周边区域紧急调配农产品，填补供应空缺；（2）物流部门可以启用预设的替代路线，避开疫区，确保农产品运输不受影响；（3）市场部门应根据供应链调整情况，发布市场

---

① 杨钰莹. 灾害链区域韧性影响因素识别、评估及提升策略研究［D］. 武汉：中国地质大学，2023：35-37，100-114.

指导价，防止因物流中断引发的市场波动。[①]

通过这些具体的应急响应措施，可以确保在面对各种突发危机时，供应链的运行能够快速恢复正常，从而保障市场的稳定供应。

（三）资源保障计划的制订

资源保障计划是应急预案中至关重要的一部分，尤其在我国农业产业供应链中，面对自然灾害、疫情等突发事件时，资源的迅速调配直接影响到应急预案的成效。一个有效的资源保障计划不仅要确保物资、设备和人力资源的储备充足，还要制定详细的调度方案，以保证这些资源在危急情况下能够及时到位，从而保障供应链的稳定运行。

在制订资源保障计划时，首先应明确关键资源的类型和数量。这些资源包括抗灾物资、农业设备、运输工具和人力资源等。例如，在农业生产环节中，抗旱设备（如水泵、灌溉系统、储水容器等）是应对旱灾的重要资源。供应链管理者需要提前储备这些设备，并建立详细的设备使用和维护计划，确保它们在紧急情况下可以立即投入使用。

物流环节的资源保障同样至关重要。突发事件常常会导致交通受阻，影响农产品的正常运输。因此，物流部门需提前规划应急运输路线，并储备必要的运输工具，如冷链车、仓储设施等。在突发事件发生时，物流部门需迅速调整运输计划，优先保障关键物资的运输。例如，在旱灾发生时，应急预案中应明确：物流部门需立即启动预设的应急运输路线，优先运送抗旱物资至受灾地区，确保农产品的生产不受影响。同时还需规划紧急仓储安排，以应对物流中断或延误造成的暂时性存储需求。

财务部门在资源保障计划中的作用不可忽视。危机发生时，通常需要迅速调动大量资金以支持应急采购、设备维护和人力资源的调配。因此，应急预案中应包括应急资金的快速启动机制，确保在需要时可以迅速获得充足的资金支持。例如，在旱灾情况下，财务部门应立即启动应急资金，为紧急采购抗旱设备、雇用临时工和支付物流加速费用提供经济保障。这种快速资金响应机制能够确保资源的及时调配，减少因资金不足而导致的应急措施延误。

[①] 杨钰莹. 灾害链区域韧性影响因素识别、评估及提升策略研究 [D]. 武汉：中国地质大学，2023：35-37，100-114.

人力资源的调配也是资源保障计划中的关键环节。突发事件往往要求迅速增加人力资源以应对额外的工作负荷。例如，在旱灾期间，可能需要额外的人力来安装和维护灌溉系统、加固农田设施或进行紧急收获。应急预案中应详细规划临时工的招募、培训和部署计划，以确保在危机发生时能够迅速调配足够的人员。此外，必须建立应急培训机制，使员工能够熟练掌握应急操作流程，确保应急行动的有效实施。

信息管理和沟通机制是资源保障计划的有力支撑。通过信息管理系统，供应链的各个部门可以实时共享资源调配情况，确保各类资源的使用情况透明可见。例如，物流部门可以通过信息平台实时报告物资运输进展，农业部门则可以反馈设备使用状态，财务部门更新资金使用情况。这种信息的实时共享和沟通，有助于提高资源调配的效率，避免资源浪费或调配不及时的情况发生。

资源保障计划的制订是我国农业产业供应链应急预案中的核心内容。通过提前储备关键物资、规划应急运输路线、确保资金快速响应以及有效调配人力资源，供应链管理者可以在突发事件中迅速调动所需资源，确保供应链的持续运作和稳定供应。这种系统化的资源保障措施，不仅增强了供应链应对危机的能力，也为我国农业产业的可持续发展提供了坚实的保障。

（四）信息传递与沟通渠道的设立

信息传递与沟通渠道的有效设立，是确保应急预案顺利实施的关键，尤其是在我国农业产业供应链中，信息的及时共享和各部门的有效沟通对于危机的快速应对和供应链的稳定运行至关重要。在制定应急预案时，必须明确信息传递的具体流程，确保各类信息能够在第一时间准确传达到相关部门。农业部门需通过信息平台实时更新农作物的生产和受灾情况，确保所有关键数据得到及时汇总和分析。物流部门需实时报告运输线路的畅通情况和车辆的可行性，确保在突发事件中，运输方案能够迅速调整并实施。市场部门负责监控市场的供需变化和价格波动，并将分析结果及时传达至指挥中心，以便其制定相应的应对措施。指挥中心作为应急预案的核心指挥机构，要汇总各部门的数据，并通过统一的指挥和调度，快速做出应急决策，确保应急响应的及时性和有效性。

在信息传递的基础上，应急预案还需包括预设的沟通机制，以确保在危机期间，各部门之间以及与外部合作伙伴的沟通能够顺畅进行。在我国农业产业供应链中，供应商、物流合作伙伴和客户是应急沟通的重要参与方。与供应商的沟通必须建立在预设的沟通平台之上，确保在供应中断时，企业能够迅速联系并协调供应商，以尽快恢复正常供货。同样，物流合作伙伴在面临物流受阻时，也必须通过预设的沟通渠道，与企业共同评估物流状况，调整运输方案，确保产品能够尽快送达目的地。而客户沟通更是保障市场稳定的关键，通过透明的信息传递，企业能够向客户通报物流状况和供应计划，减少客户的不满，维持客户信任。

信息传递与沟通渠道的最终目的是实现信息的有效共享和支持决策的制定。通过建立一个统一的信息共享平台，各部门能够实时访问和更新相关数据，形成完整的供应链态势图，为指挥中心和各部门提供决策支持。在突发事件中，指挥中心可以利用这些共享信息，迅速制定应对策略，确保供应链的持续运作和市场的稳定供应。

在应急预案中，信息传递与沟通渠道的设立不仅是确保应急措施顺利实施的基础，更是提高供应链韧性和应对能力的关键保障。通过科学、系统的信息传递流程和沟通机制的设计，供应链各环节能够在面对危机时实现紧密协作和迅速反应，最终确保我国农业产业供应链在复杂多变的环境中，能够保持稳定、高效地运作。

通过制定详细且灵活的应急预案，我国农业产业供应链能够有效应对各种突发事件，保障供应链的连续性和稳定性。预案的成功实施依赖于一个明确的应急组织结构、灵活的应急响应机制、详细的资源保障计划以及有效的信息传递与沟通渠道。这些关键要素的有机结合，将大大增强我国农业产业供应链在危机中的应变能力和抗风险能力，确保在面对各种挑战时，供应链依然能够稳定高效地运作。

三、应急预案的实施与演练

制定应急预案后，确保其可行性和有效性同样重要。这需要通过定期的演练来测试预案的实际效果，并在此过程中不断进行改进。

在澳大利亚，每年定期举行全国性的农业应急演练，模拟不同类型的突发事件，如大规模的牲畜疫病暴发或极端天气条件下的农作物损失。这些演练帮助各级部门熟悉应急预案的具体实施步骤，同时演练过程也可以暴露出预案中可能存在的不足之处。例如，在一次模拟大规模干旱的演练中，发现某地区的水资源调度计划不够完善，导致农作物受损。演练结束后，相关部门立即对预案进行了修正，增加了应急水源储备的措施。①

通过这种定期演练，各部门能够在真实的危机发生前积累经验，提高对突发事件的应对能力。演练后的总结和反馈也是预案不断优化的关键。定期更新预案，确保其适应外部环境的变化（如新的法规、市场动态或技术发展），是保持应急预案有效性的必要手段。

四、实施中的监督与改进

应急预案需要建立严格的监督机制，以确保各项措施的有效落实。监督机制可以通过实时数据监控、现场检查以及事后评估等方式进行。通过这些措施，企业能够及时发现执行过程中存在的问题，并根据实际情况对预案进行改进。

例如，在2015年禽流感危机期间，英国政府通过实时监控家禽养殖场的疫情情况，及时调整了应急预案的执行策略。事后评估中发现，原有的跨区域疫情响应措施存在滞后性，政府随即在预案中增加了快速反应团队的调度机制，以便在下一次类似事件中能够更迅速地遏制疫情的扩散。②

这种在危机后的评估与改进过程，是提高应急预案有效性的重要保障。企业应在每次危机后，对应急预案的执行情况进行全面审查，确保所有环节都能在下次突发事件中更为高效地运作。

危机管理与应急预案的制定，是确保农产品供应链在突发事件中依然能够保持稳定运作的关键。通过建立科学的危机管理体系，制定详细且灵活的应急预案，并通过定期演练和实时监督，不断优化应急措施，企业能够有效降低突发事件对供应链的影响，提高整体的抗风险能力。

---

① 周芳检. 大数据时代城市公共危机跨部门协同治理研究 [D]. 湘潭：湘潭大学，2018：104-106.
② 周芳检. 大数据时代城市公共危机跨部门协同治理研究 [D]. 湘潭：湘潭大学，2018：120.

第三节　风险应对与危机应对实践案例分析

分析实际案例，有助于深入理解风险应对和危机管理在农产品供应链中的实践应用。本节将选取几个典型的农产品供应链危机应对案例，详细探讨应对策略、实施过程及其最终结果，并总结成功的经验与失败的教训。这些案例涵盖了不同类型的风险情境，如自然灾害导致的物流中断、市场需求剧变引发的供应链调整等，可以为其他供应链提供有价值的借鉴和指导。

一、案例一：自然灾害导致的物流中断

2019年，南方某省突发洪灾，导致大面积农田被淹，主要农产品的生产和物流受到严重影响。这次洪灾不仅影响了农产品的供应，也造成了物流系统的中断。为应对这一危机，当地农业主管部门立即启动应急预案，迅速调动各类资源，并制定了一系列紧急应对措施。[①]

农业部门首先通过卫星遥感技术和无人机监测，快速评估了受灾范围和程度，确定了受灾最严重的地区和农作物种类。基于这些数据，农业部门迅速组织农业技术专家指导农户进行灾后补种和恢复生产，并紧急调配抗灾物资，如种子、化肥和农药，确保灾区农田的复耕工作尽快展开。

与此同时，物流部门则迅速启动了替代运输路线的应急预案。在主要交通干道被洪水冲毁的情况下，物流部门协调了当地和周边地区的运输资源，开辟了临时运输通道，确保受灾地区的农产品能够继续流通。此外冷链物流企业通过临时增加冷链设备和车辆，保障了易腐农产品的运输和保存。

在市场方面，政府出台了临时价格调控政策，防止农产品价格因供应短缺而大幅波动。市场部门通过信息发布平台，及时向公众通报农产品供应情况，稳定市场预期，防止恐慌性抢购。同时政府还加大了对受灾农户的补贴力度，确保农民的基本生活不受影响。

---

① 胡艺馨，杨丽丽，关大博."自然灾害-公共卫生"重大突发复合极端事件的经济影响评估：以郑州"涝疫复合"事件为例[J]. 计量经济学报，2022（2）：257-290.

这一案例展示了在自然灾害导致的物流中断情况下应急预案的有效性。通过农业、物流和市场部门的协同合作，当地政府成功遏制了灾害对农产品供应链的影响，保障了市场的稳定供应，并为灾后恢复工作提供了有力支持。

二、案例二：市场需求剧变引发的供应链调整

2020年初，新冠疫情的突然暴发对全球农产品供应链产生了深远影响。由于各国的封锁措施，消费者的购买行为发生了显著变化，市场需求急剧波动，给农产品供应链带来了巨大挑战。面对这一情况，某国际农产品企业迅速调整了其供应链策略，以应对市场需求的剧变。[①]

该企业首先通过其全球供应链监控系统，实时监测各个市场的需求变化，并结合疫情发展趋势，预测未来的市场需求波动。基于这些预测数据，企业立即调整了生产计划，将生产重心从疫情严重地区转移至受影响较小的地区，以确保产能不受大幅影响。

企业还与供应商和物流合作伙伴密切合作，调整了原材料采购和产品配送策略。企业与供应商重新签订了灵活的采购合同，允许根据市场需求的变化调整订单量和交货时间。企业还加强了与本地物流公司的合作，通过分散化的仓储布局和灵活的运输网络，确保产品能够迅速响应市场需求的变化。

在市场方面，企业加大了线上销售渠道的开发力度，以应对线下渠道受阻的情况。通过与电商平台的深度合作，企业不仅弥补了线下销售的损失，还抓住了在线购物需求激增的机会，扩大了市场份额。

该企业的成功应对措施表明，在市场需求剧变的情况下，灵活的供应链管理和及时的策略调整是关键。通过全球化的供应链监控、灵活的采购与配送策略，以及线上销售渠道的拓展，企业不仅成功应对了疫情带来的供应链挑战，还实现了市场的进一步扩展。

通过以上案例分析可以看出，风险应对和危机管理的有效性在于预案的科学设计和实施过程中的灵活应对。在自然灾害引发的物流中断和市场需求剧变的情况下，及时的风险识别、有效的资源调配以及部门间的紧密协作是

[①] 贺立龙，张衔. 世纪疫情冲击、全球规模性返贫与中国应对 [J]. 上海经济研究，2022 (7)：84-102.

确保供应链稳定运行的关键。成功的案例展示了供应链管理者如何通过科学的决策和有效的执行，将危机带来的影响降到最低，为其他企业提供了宝贵的经验参考。然而危机管理不仅依赖于现有的应急预案，更需要在实际操作中不断调整和优化，以应对不断变化的外部环境和突发事件。

未来，在面对更加复杂和多变的全球市场环境时，农产品供应链的危机应对策略需要更加灵活和敏捷。通过总结过去的成功经验和失败教训，企业可以更好地提升供应链的韧性。

第四节　农产品供应链韧性风险管理模式构建

在全球化和技术进步的双重推动下，农产品供应链正面临着前所未有的复杂挑战。传统的风险管理模式往往集中于危机后的应急处理，而忽略了系统性和前瞻性的风险防控。这一节旨在通过构建一个系统化、动态化和可持续的韧性风险管理模式，确保农产品供应链在面对多变环境时的持续稳定与长远发展。

一、多维度整合管理

供应链韧性风险管理模式应以战略、运营、财务、信息和文化五个维度为基础，进行全面整合和系统构建。各维度之间的协同联动，不仅能够增强供应链整体的抗风险能力，更能为企业在复杂多变的环境中提供多样化的应对策略和灵活调整的空间。

在全球市场日益不确定的背景下，战略整合尤为重要。企业必须制定多样化的战略方案，以应对潜在的市场波动和不可预见的外部冲击。通过情景规划（scenario planning）法，企业可以预设多种可能情境，并为每种情境制定相应的应对措施。这种前瞻性的战略规划，不仅可以帮助企业更好地识别和预见风险，还能在市场条件发生变化时迅速调整策略，确保供应链的持续运作和稳定性。

在运营层面，精益管理与弹性制造体系的结合显著提高了供应链的韧性。通过优化生产流程，引入先进的库存管理技术，并加强供应链各环节之间的协调，企业能够在面对突发事件时，具备迅速调整生产和配送计划的能力。这种运营优化不仅提升了企业的响应速度，还确保了供应链在面对外部冲击时的稳定性和连续性。

财务稳健是企业韧性管理的另一个关键维度。在财务管理上，企业应注重资本结构的优化，合理配置资金，并设立风险准备金，以增强财务的灵活性和抗风险能力。多元化的融资渠道可以确保企业在危机时期保持充足的资金流动性，避免资金短缺而导致供应链的中断和运营的停滞。

信息透明则是供应链管理的核心。通过建立实时监控与信息共享平台，供应链各环节能够保持高度透明和同步，确保企业在第一时间获取关键数据并做出有效决策。这种信息透明不仅有助于预防和应对供应链中潜在的风险，还能通过提升各环节之间的协同效应，进一步增强供应链的整体韧性和适应能力。

企业文化在供应链韧性管理中的作用日益突出。建立以风险意识和持续创新为核心的企业文化，可以有效地鼓励员工主动参与风险识别与应对过程，从而增强整个组织在面对不确定性时的适应能力和反应速度。文化建设不仅有助于在企业内部形成统一的风险管理思维，还能推动企业在复杂环境中持续优化和创新，确保供应链的长远健康发展。

通过战略、运营、财务、信息和文化五个维度的深度整合，企业能够构建起一个既具备前瞻性又具备适应性的供应链韧性风险管理模式，从而在全球市场的动荡中保持竞争优势，并确保供应链的长期稳定和可持续发展。

二、动态适应性管理

在构建农产品供应链的韧性管理模式时，动态适应性管理是至关重要的一环。这不仅仅体现在企业应对危机的能力上，更强调供应链能够随外部环境的变化不断调整和优化，以确保其持续的稳定性和竞争力。

实时监测与预警系统是现代供应链管理中的核心工具。企业通过引入先进的物联网技术和大数据分析工具，可以实时获取供应链的运行状态，并迅速识别潜在的风险因素。当异常情况出现时，系统能够及时发出预警，企业管理层可以立即采取措施进行调整，以防止问题进一步扩大。这样的动态监测和预警机制，不仅提高了供应链对突发事件的反应速度，还在风险发生的初期就有效地控制住了局势，从而避免可能带来的更大损失。这种实时的监控与响应能力，为供应链在面对复杂和不可预测的外部环境时提供了强有力的保障。

弹性供应链网络的构建是提升供应链韧性的关键策略之一。传统的供应链往往依赖于单一供应商，这使供应链在面对供应中断时变得脆弱且难以恢复。为了增强供应链的适应性和抗风险能力，企业需要通过多元化供应结构，建立一个由多个供应商组成的弹性网络。这种多源供应链不仅可以减少对单一供应商的依赖，还能在某一供应源受到冲击时，迅速调动其他供应商的资源，确保供应链的连续性和稳定性。此外，多元化供应网络还能帮助企业更好地应对全球化背景下的市场变化和供应链中断风险，为企业的长期发展提供了更为稳固的基础。

持续改进与创新是供应链韧性管理模式得以长久保持活力的关键因素。企业应当定期审视供应链的运行状况，识别出改进的机会，并通过引入最新的技术和方法，不断优化供应链的结构与流程。通过这样的持续改进，企业可以不断提升供应链的效率和适应能力，使其始终处于最佳的运营状态。这种不断追求创新和改进的管理理念，不仅能够增强企业应对不确定性环境的能力，还为企业在激烈的市场竞争中保持领先优势提供了源源不断的动力。

三、跨部门协同与利益相关者整合

现代农产品供应链管理中，跨部门协同与利益相关者整合是提升供应链韧性的重要途径。这一管理模式不仅要求企业内部各部门之间的紧密协作，还需通过外部利益相关者的积极参与，形成广泛的合作网络，从而增强供应链的整体应对能力。

供应链的复杂性决定了跨部门协作在企业内部的重要性。生产、采购、物流、财务等各个部门需要建立密切的协作关系，以确保供应链的高效运作。在日常运营中，通过定期的沟通和协同机制，各部门能够实现信息共享与资源优化。这种协同机制不仅能够提高各部门的工作效率，还可以避免信息孤岛的形成，从而确保供应链的各个环节紧密衔接。当危机发生时，跨部门的团队能够迅速做出反应，整合各方资源，共同制定并执行应对方案，有效减少危机对供应链的负面影响。这样一种协同机制，既能在平时提高供应链的整体效率，又能在面对突发事件时，确保企业的快速反应和精准决策。

供应链的韧性不仅取决于企业内部的管理，还依赖于外部利益相关者的整合与协同。供应商、分销商、消费者、政府等各方在供应链中扮演着不同的角色，通过与这些利益相关者建立合作机制，企业可以更有效地协调资源，共同应对外部冲击。例如，与供应商的合作可以确保在紧急情况下的供应保障；与分销商的协作则能确保产品的及时配送和市场供应的稳定性。与此同时，与政府部门的合作则能为企业在政策、法律、金融等方面提供支持，确保企业在危机中得到必要的援助和资源调配。这种利益相关者的整合，不仅提高了供应链在面对外部冲击时的整体抗风险能力，还能在平时通过合作机制的优化，提升供应链的效率和竞争力。

通过跨部门协作和利益相关者的整合，企业能够构建一个高度协同、灵活应对的供应链系统。这一系统在平时能够通过优化内部流程和外部合作，提升供应链的整体效率；在危急时刻则能通过迅速反应和资源整合，有效减轻外部冲击带来的负面影响，从而确保供应链的长期稳定与可持续发展。这种全方位的协同管理模式，既是现代供应链管理的核心要素，也是企业在全球化背景下实现长期竞争优势的关键。

通过构建系统化、多维度、动态适应的韧性风险管理模式，企业可以有效应对供应链中的各类不确定性挑战，从而在竞争激烈的全球市场中占据优势。

第五节 农产品供应链风险管理技术与方法创新

随着全球市场环境的不断变化和技术的迅猛发展，农产品供应链面临的风险日益多样化和复杂化。为了应对这些挑战，供应链管理必须在技术和方法上不断创新，以提高风险管理的有效性和供应链的整体韧性。

一、大数据分析与预测技术

随着数据采集和处理能力的显著提升，企业可以通过大数据技术收集和分析来自多个来源的海量数据，从中挖掘出对供应链管理至关重要的信息。

这些信息不仅包括当前市场的动态变化，还涵盖了潜在风险的预警信号和未来市场趋势的预测。

气象数据、市场需求数据以及供应链的运行数据是大数据分析系统的重要组成部分。例如，通过整合和分析气象数据，企业可以预测自然灾害的发生及其对供应链的潜在影响，从而提前制定应对措施，减少自然灾害可能导致的供应链中断风险。通过分析市场需求数据，企业能够识别出市场需求的变化趋势，优化生产和库存策略，避免因供需失衡而导致的运营问题。供应链运行数据的实时监控与分析，可以帮助企业发现供应链中的薄弱环节，及时调整供应链结构，提高运营的灵活性和响应速度。

大数据分析技术不仅提升了风险识别的广度和深度，还为企业在复杂和不确定的环境中提供了更加科学的决策支持。通过利用大数据预测市场波动和潜在风险，企业能够制定更加精准的应对策略，从而有效降低风险对供应链运营的负面影响。例如，基于对市场需求的预测结果，企业可以提前调整生产计划和物流布局，优化库存管理，避免因过量库存或供应不足带来的财务压力和运营风险。

二、区块链技术的应用

区块链技术凭借其去中心化、不可篡改和高度透明的特性，正逐步成为供应链管理领域的重要工具，尤其在农产品供应链中展现出显著的应用潜力。传统的供应链管理往往面临信息不透明、数据真实性难以验证以及各环节之间协作效率低下等问题，而区块链技术的引入为这些挑战提供了有效的解决方案。

在农产品供应链中，区块链技术可以用于记录和追踪产品从生产、加工、运输到最终消费的全生命周期。每一个供应链环节的操作，如生产日期、运输条件、储存环境等，都可以通过区块链进行详细记录。由于区块链的去中心化特性，这些记录分布式存储在多个节点上，一旦记录就不可篡改。这种数据记录方式确保了信息的高度透明性和真实性，使供应链的每个环节都能够被有效追溯和验证。

区块链技术的透明性对供应链各方，尤其是消费者和企业，具有深远的意义。对消费者而言，区块链技术实现了产品信息的公开和全程可追溯，消费者只需扫描产品的区块链信息，即可了解其生产、加工、运输等各环节的详细过程。这种透明度大大提升了消费者对产品的信任，特别是在涉及食品安全和有机农产品等领域，区块链的应用能够显著增加产品的市场竞争力和消费者的信心。对企业而言，区块链技术不仅提高了供应链管理的透明度，还使企业能够更迅速地识别和定位供应链中的问题源头。例如，当某一环节出现问题，如产品质量不达标或物流延误，区块链技术提供的透明记录使企业可以迅速追溯问题的发生地点和原因，从而及时采取补救措施，避免问题的进一步扩大。通过减少信息不对称带来的延误和误判，区块链帮助企业大幅提升了问题处理和风险控制的效率。此外，区块链技术还可以通过智能合约自动执行预定的应对策略，例如在产品不符合质量标准时，智能合约可以自动触发更换供应商或调整生产流程，从而进一步提高供应链的响应速度和管理效率。

区块链技术有助于在供应链的各方之间建立更强的信任基础。由于所有操作记录都具备不可篡改且公开透明的特性，各方可以安心共享数据，无须担心数据被人为操纵或泄露。这不仅消除了各方对数据安全的顾虑，还促进了供应链各方之间的深度合作，提升了供应链整体的效率和协调性。例如，农产品的供应商、加工商、零售商和监管机构可以通过共享区块链数据，实时掌握产品的流转情况，及时发现和解决潜在问题，确保供应链的顺畅运行。

总体而言，区块链技术在农产品供应链中的应用，不仅提升了供应链的透明度和信息可靠性，还显著增强了供应链管理的效率和风险控制能力。通过追溯产品的全生命周期，区块链为消费者和企业提供了前所未有的信任保障，并为供应链的各个环节带来了更加安全、透明和高效的运营模式。

三、物联网与智能监控技术

物联网（IoT）技术的广泛应用，通过在供应链各环节部署传感器和智能设备，使企业能够实时监控农产品的状态，如温度、湿度、位置等关键参数。这种实时监控技术为供应链管理提供了强大的动态数据支持，使企业能够基于实时数据做出更为准确和及时的决策，从而有效应对各种突发情况。

物联网技术通过对供应链中农产品的温度、湿度等环境条件进行持续监测，确保这些条件始终符合产品保存和运输的要求。例如，在运输过程中，如果传感器检测到温度超出了安全范围,系统会立即自动发出警报,并启动应急响应机制,如调整运输路线或改变仓储条件,以迅速恢复到合适的环境,确保产品质量不受影响。这样的实时监控和自动响应机制,显著降低了环境因素或操作失误引发的风险,保障了农产品在供应链中的安全性和品质稳定性。

物联网技术的应用大大提升了供应链的可视化和可控性。通过实时获取和分析农产品在各环节中的状态数据,企业不仅能够全程掌握供应链的运行状况,还可以对潜在风险进行预警和预防。例如,当运输中的农产品接近存放时间极限时,系统可以自动通知相关人员采取措施,避免因存放时间过长导致的产品变质。这种高水平的可视化管理,使企业能够更主动地进行供应链优化和风险控制,有效提高了供应链的整体效率和稳定性。

物联网技术还促进了供应链管理的智能化和精准化,使企业在复杂多变的市场环境中能够更好地应对挑战和机遇。通过实时数据的支持,企业不仅可以更精准地预测需求变化、优化库存管理,还能在发生异常情况时迅速做出反应,减少损失并维持供应链的连续性和可靠性。

物联网与智能监控技术的引入,为农产品供应链管理注入了强大的数据驱动力,使企业能够以更高的可视化、可控性和灵活性,确保产品的安全和质量,提升供应链的韧性与适应能力。

四、人工智能与机器学习

人工智能(AI)和机器学习技术正日益成为供应链风险管理的核心驱动力,彻底革新了传统的风险识别、评估和应对方式。这些先进技术通过复杂的算法和自我学习能力,使企业能够更高效、更精准地管理供应链中的各种风险。

人工智能和机器学习算法能够处理并分析海量的历史数据和实时数据,建立智能化的风险评估模型。这些模型可以自动识别出数据中的潜在风险模式和趋势,例如季节性需求波动、供应商交付可靠性下降或物流瓶颈等。通过深入挖掘数据背后的规律,人工智能系统能够提前预警可能出现的风险,为企业提供充足的时间来制定和实施相应的应对策略。

这种智能化的风险评估显著提高了风险识别的准确性和时效性。传统的风险管理往往依赖于人为经验和定性分析，可能存在主观偏差和延迟。而人工智能系统通过客观的数据分析，能够实时更新风险评估结果，确保企业始终掌握最新的风险动态。人工智能系统可以根据实时数据的变化，自动优化风险管理策略。例如，如果检测到某个供应商的交付延迟率增加，系统可以建议调整采购策略或寻找替代供应商，从而降低供应链中断的风险。

人工智能还具备模拟和仿真的能力，能够预测不同风险情境下的供应链表现。通过构建虚拟的供应链模型，人工智能系统可以模拟各种可能的风险事件，如自然灾害、市场需求剧烈变化或政策变动等，评估其对供应链的影响。这种情景模拟可以帮助企业提前识别供应链中的脆弱环节，并制定相应的应急预案，增强供应链的韧性。

机器学习算法的自我学习和适应能力是另一个关键优势。随着时间的推移，机器学习模型会不断吸收新数据，更新和优化自身的预测和决策能力。例如，模型可以随着市场环境的变化自动调整对需求预测的权重，提升预测的准确性。这种动态适应性确保了风险管理策略始终与现实情况相匹配，避免了因环境变化而导致的策略失效。

人工智能和机器学习可以应用于供应链的各个环节，如优化库存管理、提升物流效率和改进供应商评估。通过综合分析多维度的数据，人工智能系统可以提出最优的库存补货策略，避免库存过剩或短缺；在物流方面，人工智能可以根据实时交通和天气数据，规划最优的运输路线，降低运输风险和成本；对供应商管理，机器学习算法可以评估供应商的历史表现和风险指标，协助企业选择最可靠的合作伙伴。通过高度自动化、智能化和自适应的风险评估和管理方式，企业能够更精准地识别和应对供应链中的各种风险，提升供应链的韧性和竞争力。

五、动态供应链建模与仿真技术

动态供应链建模与仿真技术为企业提供了一个强大的工具。创建供应链的虚拟模型，可以使企业能够在不影响实际运营的情况下，模拟和预测不同风险情境下的供应链行为。这种技术的核心在于通过虚拟环境中的测试，帮助企业识别、评估并优化供应链的各项配置和应对策略，从而提升供应链的韧性和适应能力。

动态供应链建模与仿真技术允许企业在虚拟环境中创建精确的供应链模型，涵盖从原材料供应、生产制造到物流配送的各个环节。通过这个虚拟模型，企业可以模拟各种可能发生的风险场景，如自然灾害、市场需求的剧烈波动、供应链中断或政策变化等。这些模拟不仅能展现供应链在不同情境下的反应和表现，还能帮助企业识别供应链中的潜在弱点和风险点。例如，通过模拟自然灾害的影响，企业可以评估其供应链的脆弱环节（如某一供应商因灾害原因无法交付关键原材料），进而调整采购策略或增加供应链的冗余性。

这种仿真技术能够提供对不同风险情境下供应链恢复能力的评估。企业可以在虚拟环境中测试不同的应对策略，如调整库存水平、优化运输路线或更换供应商，并观察这些调整对供应链表现的影响。通过这些测试，企业可以识别出最优的风险管理方案，确保供应链在实际运营中能够快速恢复和维持稳定。这不仅有助于企业在危机发生时采取更有效的应对措施，还能为长期的供应链规划和优化提供科学依据。

动态建模与仿真技术还为企业设计出更具弹性和适应性的供应链结构提供了有力支持。通过对不同配置的模拟测试，企业能够找到供应链在面对各种不确定性时的最佳配置方案。例如，企业可以模拟多源采购模式的效果，评估其在供应链中断时的韧性表现，进而决定是否在实际运营中实施这一策略。这样的仿真测试使企业能够预先了解不同配置的优缺点，从而在现实中做出更为明智的决策。动态供应链建模与仿真技术具有高度的灵活性和适应性。随着市场环境、技术条件和企业需求的变化，企业可以随时更新仿真模型，重新测试和优化供应链的配置方案。这种动态调整能力确保了企业能够在变化的环境中保持供应链的竞争力和稳健性。

总体而言，动态供应链建模与仿真技术通过虚拟测试和情境模拟，为企业提供了全面评估和优化供应链的手段。这种技术不仅能够揭示供应链中的潜在弱点，还能帮助企业设计出更具弹性和适应性的供应链结构，为现实中的供应链管理决策提供可靠的参考依据。随着全球供应链的复杂性和不确定性不断增加，动态建模与仿真技术将成为企业在全球市场中保持竞争优势的重要工具。

六、协同风险管理平台

协同风险管理平台是现代供应链管理中不可或缺的工具,该平台通过整合供应链中的各类数据和信息,推动企业内部各部门以及外部利益相关者之间的高效协作。这种平台不仅简化了风险管理的流程,还增强了供应链的整体韧性和抗风险能力。

协同风险管理平台能够在供应链的各个环节收集并整合数据,从而提供全面的风险识别、评估、监控和应对的全流程管理功能。通过实时分析和处理来自市场、物流、生产等各个方面的信息,平台可以持续更新供应链的风险状态。当市场出现波动或政策发生变化时,平台能够迅速监测到这些变化,并通过自动化的系统生成应对策略建议,帮助企业在危机发生前采取预防措施。例如,如果全球市场动态显示出某种产品的原材料即将短缺,平台会自动通知供应商和采购商,提示他们提前寻找替代供应源或调整采购计划,以减少潜在风险的影响。

协同风险管理平台的最大优势在于其信息共享和资源联动功能。通过该平台,供应链的各方,如供应商、制造商、分销商、物流服务提供商以及监管机构,可以实时共享信息和资源。这种信息透明和协同机制,确保了各方在面对风险时能够迅速反应并采取协调一致的行动,从而提高供应链整体的抗风险能力。例如,当供应链中的某个节点出现问题时,平台可以迅速通知相关方,并协调资源进行调度,确保供应链的连续性和稳定性。

通过这样的协同平台,企业不仅能够优化内部的风险管理流程,还能够加强与外部利益相关者的合作,形成一个高度联动的风险管理生态系统。这种生态系统可以在不确定的市场环境中提供更强的韧性,确保供应链能够在各种风险事件中保持稳定运营。此外,协同平台的应用还可以减少信息孤岛和资源浪费,提升供应链的整体效率和效益。

协同风险管理平台的自动化和智能化特性,使得企业能够在复杂多变的市场环境中更加从容地应对挑战。平台通过数据驱动的风险管理流程,不仅能够及时识别和预警潜在风险,还能够生成最优的应对策略,减少人为决策的滞后性和错误率。与此同时,平台的持续监控功能确保了风险管理策略的动态调整,使企业始终处于最优的防控状态。

技术与方法的创新为农产品供应链的风险管理提供了新的解决方案和工具。通过大数据分析、区块链技术、物联网、人工智能、动态建模与仿真以及协同管理平台的应用，企业能够显著提高供应链的透明度、响应速度和适应能力。这些创新技术不仅帮助企业更有效地识别和应对风险，还为供应链的长期稳定性和可持续发展奠定了坚实的基础。在全球化和不确定性加剧的背景下，持续推进技术创新和管理方法优化，是确保农产品供应链韧性提升的关键途径。

第三部分
案例分析与对策建议

前文系统探讨了农业供应链的韧性构建理论与技术路径,并分析了全球范围内的相关经验与挑战。理论的探讨与技术的应用固然重要,但实践中的成功案例往往能够提供更加直观、具体的指导。本部分将深入剖析若干具有典型意义的农业供应链韧性案例,并基于这些案例的启示,提出具体的对策建议和实践指导。

第七章 成功案例分析

在全球化和气候变化的背景下,农业供应链面临着复杂而多变的挑战。以下将分析几个具有代表性的成功案例,以更好地理解如何通过创新管理、技术应用和策略调整来提升农业供应链的韧性。这些案例涵盖了不同的地理区域和农业产业,为我们提供了宝贵的经验和借鉴。

一、案例一:久泰农业的全产业链布局与优化升级[①]

(一)案例背景

久泰现代农业有限公司(以下简称"久泰")在福建省果品贸易领域中占据着重要地位;公司通过整合全球资源,发展出了一条完整的全产业链,涵盖了从种植、加工、包装、冷藏保鲜到批发配送的各个环节;这一全产业链布局不仅提升了企业的运营效率,还为久泰在应对市场波动、提升产品质量和增强品牌影响力等方面提供了强有力的支持。久泰的全产业链战略立足于全球化的发展眼光,通过在世界各地建立种植基地和采购中心,确保了稳定的产品供应,并在应对突发风险时展现出高度的灵活性和韧性;公司通过基地化、品质化、标准化、品牌化的发展模式,逐步打造出具有国际竞争力的果品品牌。

(二)改革措施

久泰在全产业链的布局上采取了多项重要措施,确保了从源头到终端的各环节紧密衔接,构建了一个高效、稳定的供应链体系;在全球种植基地和采购中心的建设方面,久泰选择在全球多个国家和地区建立种植基地,包括菲律宾、泰国、越南、波兰、北美、澳洲、智利、埃及、南非等地。这些基

[①] 久泰农业:全产业链布局,优化升级供应链[DB/OL]. 搜狐网,https://www.sohu.com/a/246330457_823034.

地的布局不仅为久泰提供了丰富的优质果品资源,还在全球范围内实现了供应链的多样化和风险分散;通过参与全球性果蔬展会,久泰增强了与国际产业链上下游企业的合作,保持了对行业发展的敏锐把握,从而在供应链管理中引入了最新的技术和理念;品牌化建设是久泰战略中的另一重要环节。公司通过打造自主品牌,推出了如"刀郎土瓜""久泰17.8°鲜橙"等系列产品,以确保果品的高质量和市场差异化竞争优势;对生鲜农产品,标准化管理是保证产品一致性和消费者信任的关键;久泰的品牌化建设中,严格遵循标准化的流程管理,确保每一批产品在生产、包装、运输和销售过程中的品质一致性。

(三)改革效果

久泰农业的全产业链布局和供应链优化措施取得了显著成效。全球种植基地和采购中心的建立,使久泰能够有效降低市场波动带来的风险,增强供应链的稳定性和应变能力。这种多元化的供应链布局,使公司能够灵活应对各种突发事件,如自然灾害或市场需求变化,确保了供应链的连续性;品牌化和标准化战略的实施,大幅提升了久泰产品的市场竞争力。通过严格的质量控制和标准化管理,久泰不仅确保了果品在全球市场中的高品质形象,还赢得了消费者的信任和忠诚度。品牌的差异化优势使久泰在激烈的市场竞争中脱颖而出,建立了独特的市场地位。"农科院+技术专员+农户"模式的推广,不仅提升了久泰供应链的韧性,还促进了地方经济的发展。通过这一模式,久泰确保了产品的高标准生产,并通过技术支持和市场保障,帮助农户提高了生产效益,实现了企业与农民的双赢。这种合作模式为地方经济带来了积极影响,推动了农业的可持续发展。冷链物流的建设确保了久泰产品的高品质和流通效率。通过全程冷链管理,久泰将物流中的损耗降至最低,确保产品在运输过程中保持新鲜和高质量。久泰的冷链系统不仅提高了物流效率,还增强了企业在国内外市场中的竞争力。多渠道分销策略的实施,使久泰成功扩大了市场覆盖率和销售量。公司通过线上线下整合销售,实现了产品的多元化销售,提升了企业的盈利能力。久泰的全产业链布局和供应链优化,不仅增强了企业的抗风险能力,还为未来的发展奠定了坚实的基础。

通过对全产业链的全面布局和供应链的持续优化,久泰现代农业有限公司展示了如何在复杂多变的市场环境中,通过整合资源、提升管理,实现企业的可持续发展。这一成功案例为全球农业供应链管理提供了重要的参考和借鉴,展示了在全球化背景下,如何通过创新和合作,构建一个高效、灵活、韧性强的供应链体系。

二、案例二:美国加州的抗旱农业供应链[①]

(一)案例背景

加州作为美国最大的农业州之一,其农业产值超过 500 亿美元,是全球蔬果、坚果和其他高价值作物的主要生产地。然而加州的农业供应链长期受到频繁干旱的影响。尤其是在 2012~2016 年的严重干旱期间,高耗水作物如杏仁、葡萄和棉花的生产面临着巨大挑战;这一时期,干旱不仅使得水资源的可用性显著减少,还给农业生产带来了极大的压力,迫使农民和农业企业不得不采取创新措施,以维持供应链的运作并确保产品的市场供应。

(二)改革措施

面对持续的干旱压力,加州的农民和农业企业实施了一系列创新策略,以减少水资源的消耗,优化生产流程,并增强供应链的韧性。滴灌和微灌技术得到了广泛应用。这些技术通过将水资源直接输送到植物根部,显著减少了水资源的浪费,提高了灌溉效率。在干旱条件下,这种精准灌溉系统使得农民能够继续维持作物生长,降低了对水资源的依赖;在作物选择方面,许多农民开始转向种植更具抗旱能力的作物,如橄榄。这些作物不仅适应加州的干旱气候,还具有较高的市场价值。种植这些抗旱作物的策略帮助减少了灌溉需求,进一步缓解了水资源压力,同时确保了农业收入的稳定。加州还通过建立水权交易市场,使得水资源能够在农业用水者之间更灵活地分配。水权交易市场的引入允许拥有多余水资源的农民将其出售给需要更多水资源的农民,这种市场化的机制不仅提高了水资源的利用效率,还减少了干旱对整体农业生产的冲击。在水资源管理方面,地下水成为干旱期间的重要补充来源。加州的农民加强了地下水的储备和管理,确保在地表水资源短缺时,

---

[①] 美国加州:软硬兼施造就农业"丰产水"[DB/OL]. 中国节水灌溉网,http://www.jsgg.com.cn/Index/Display.asp?NewsID=23458.

仍然有足够的水源供农业使用。这一策略在加州农业供应链中扮演了关键角色，帮助缓解了干旱带来的影响。加州的农业企业还投资于先进的气象监测和预警系统，这些系统能够提供精确的天气预报和水资源管理建议，帮助农民更好地规划灌溉时间和用水量，提高了供应链的应变能力。

（三）改进效果

通过实施这些创新措施，加州农业供应链的韧性得到了显著增强。尽管在2012~2016年的大旱期间，加州农业面临巨大挑战，但农业总产值仅略有下降，这表明所采取的技术和管理策略是有效的。滴灌和微灌技术的应用极大地减少了水资源浪费，使农民能够在水资源极为有限的条件下，仍然维持作物生产。抗旱作物的种植不仅确保了农产品的持续供应，还增加了农业收入，帮助农民渡过了干旱难关。水权交易市场的建立优化了水资源的分配，使整个农业供应链能够更灵活地应对水资源短缺的挑战。地下水储备和气象预警系统的使用，使加州的农民能够提前准备，减少干旱对农业生产的影响。

通过这些科技手段的支持，加州农业在干旱期间保持了相对稳定的生产水平，减轻了市场和消费者的压力。

加州的抗旱经验展示了，通过科技创新、资源优化和管理提升，可以在极端气候条件下保持农业供应链的稳定性和韧性。这一案例不仅为加州农业的可持续发展提供了宝贵经验，也为其他干旱地区的农业供应链管理提供了重要的参考和启示。

三、案例三：澳大利亚昆士兰的农业供应链抗洪能力建设[①]

（一）案例背景

昆士兰州是澳大利亚的重要农业区，主要生产甘蔗、牛肉、棉花等高价值作物。该地区农业供应链长期面临洪水的威胁，尤其是在夏季雨季期间，极端天气现象频发，导致洪水泛滥，对农业生产和供应链的持续性构成严重威胁。这种自然灾害不仅影响了农作物的生长和收获，还破坏了基础设施，阻碍了农产品的运输和分销，给农民和农业企业带来了巨大的经济损失。

---

① 席利卿，Ray Collins. 中国-澳大利亚农产品供应链纵向协作比较的实证研究［J］. 国际贸易问题，2010（4）：8.

（二）改进措施

为应对洪水带来的风险，昆士兰州的农民和农业企业采取了一系列措施来增强农业供应链的韧性，包括：改进排水系统和水利基础设施，确保在洪水来临时能够迅速疏导积水，减少洪水对农田的破坏；新建和维护水坝、堤坝和排水沟渠，有效地减少了洪水对农田的冲击。此外，昆士兰的农民还引入了适应性更强的农业实践，如种植耐水性强的作物，并采用更具弹性的耕作方式，避免因洪水导致的全部作物损失。例如，选择在排水性良好的高地进行种植，并利用多种作物轮作的方式，降低单一作物受损的风险。为了应对洪水期间的交通和运输中断，昆士兰的农业企业也采取了预防性措施，包括建立更分散的物流网络和备用运输路线，以确保在洪水影响下仍能维持供应链的运作。这些措施确保了即使在极端天气下，农产品仍能及时运抵市场，减少经济损失。为了更好地预测洪水并提前采取行动，昆士兰州还投资了先进的气象监测和预警系统。这些系统能够提供实时的天气预报和洪水预警，帮助农民和企业在洪水来临前做好充分准备。通过数据的实时共享，农业供应链的各个环节可以更好地协同工作，提前采取应对措施，如提前收获、储存农产品或调整运输计划。

（三）改进效果

通过这些措施，昆士兰的农业供应链在面对洪水时表现出了较高的韧性。改进的排水系统和水利设施有效减少了洪水对农田的破坏，增强了农田的抗灾能力。耐水性强的作物选择和弹性耕作方式则降低了单一洪水事件对整体农业生产的影响，分散了风险。建立分散的物流网络和备用运输路线，使洪水期间农产品的运输和供应得以持续，从而减少因交通中断带来的经济损失。先进的气象监测和预警系统为农民和企业提供了可靠的信息支持，帮助他们在极端天气下做出快速而准确的反应，显著提升了供应链的应对能力。

昆士兰农业供应链在应对洪水威胁方面的经验表明，通过系统的基础设施建设、农业实践的调整以及科技手段的应用，可以显著提高农业供应链在面对自然灾害时的韧性。这一经验为全球其他面临类似自然灾害威胁的农业地区提供了宝贵的借鉴，展示了如何通过多层次的措施构建一个稳定、灵活且可持续的农业供应链。

四、案例四：荷兰花卉供应链的韧性建设[①]

（一）案例背景

荷兰是世界上最大的花卉出口国，其花卉产业控制着全球70%以上的鲜花市场。荷兰花卉供应链复杂且高度集成，涉及全球范围内的生产、运输、拍卖和分销网络。其供应链依赖高效且对时间敏感的运输，因此荷兰的花卉产业特别容易受到供应链中断的影响。运输延误或温度控制失败可能导致大量花卉产品的损失，如何确保这一供应链在面对全球挑战时依然保持韧性，成为荷兰花卉产业的关键课题。

（二）改革措施

为了应对这些挑战，荷兰花卉产业采取了一系列创新的技术和管理措施，冷链物流在这一过程中起到了至关重要的作用。通过冷链运输系统，花卉在运输过程中始终保持最佳温度，从而延长了花卉的保鲜期，减少了因温度变化导致的损失。荷兰还大力推动信息技术的应用，利用物联网（IoT）设备实时监控花卉的状态信息，包括温度、湿度和位置等数据。这种实时数据监控不仅提高了供应链的透明度，还使得供应链各环节能够迅速响应变化，调整运输策略，确保花卉以最佳状态到达目的地。荷兰的花卉拍卖系统是这一供应链韧性的另一个重要支柱。作为全球最大的花卉交易中心，荷兰的花卉拍卖系统采用了高度集成的信息系统，确保了花卉从种植基地到市场的顺畅流通。拍卖系统的高效运作得益于精密的物流安排，包括每天上百辆电动小车在拍卖中心内运送花卉。这些小车通过集成的导航系统进行操作，确保拍卖后的花卉能够在短时间内运送至合适的装货点。此外荷兰还采取了多样化供应链策略，在全球多个地区布局种植基地，降低了对单一产区的依赖，从而增强了供应链的灵活性和抗风险能力；在应对潜在的供应链中断时，荷兰的花卉产业还与全球物流公司建立了紧密的合作关系，确保在供应链某一环节出现问题时，能够迅速调整并寻找替代方案。这种高效的应急响应机制，使荷兰花卉产业能够在自然灾害、市场波动等突发事件发生时，保持较高的供

[①] 高强，韩国莹. 现代化大农业发展的政策内涵、战略重点与实践进路［J］. 中州学刊，2024（7）：38-46.

应链韧性。

(三) 改革效果

通过上述措施，荷兰花卉供应链在面对各种挑战时表现出了极高的韧性。即使在疫情等全球危机期间，荷兰的花卉出口仍然保持了稳定的态势。通过冷链物流、信息技术和全球化的供应链布局，荷兰成功维持了其在全球花卉市场中的领导地位。其供应链韧性不仅确保了花卉产品的质量和新鲜度，也提升了整个行业的竞争力。荷兰花卉产业的成功经验展示了一个复杂的全球供应链如何通过技术创新和管理优化，保持其持续的竞争优势，并在全球化挑战中保持稳定和韧性。这一经典案例为全球其他农业供应链提供了宝贵的参考，证明了通过精细化管理和科技应用，农业供应链可以在不确定的环境中继续运作并取得成功。

第八章 对策建议与实践指导

第一节 提升农业供应链韧性的建议与实践指导

提升农业供应链韧性是一项复杂且系统的工程，涵盖了供应链的各个环节，涉及多个层面的协调与优化。面对当前全球农业供应链日益复杂和多样化的挑战，传统的供应链模式已经难以应对自然灾害、市场波动、政策变化等多重不确定性因素。农业企业必须通过战略性的布局、技术的引入和协作机制的建立，增强供应链的抗风险能力，以实现供应链的稳定性和可持续发展。

一、供应链布局的优化

供应链布局是提升农业供应链韧性的核心环节，决定了企业在应对各种风险和挑战时的灵活性与稳定性。为有效提升供应链韧性，企业需要综合考虑全球化与本地化的优势，实施双重布局策略。全球化的供应链网络使企业能够在国际市场中获取多样化的资源，提供更广泛的调度选择，有助于分散地理位置和市场风险。在这种布局下，企业可以利用全球范围内的资源调配能力，在面对国际市场波动或其他外部冲击时，迅速调整供应链的运作，保持供应链的整体稳定。

本地化的供应链布局则强化了企业在特定区域内的应变能力，使其能够在区域性突发事件中更快速地做出响应。通过在多个战略区域设立供应链节点，企业可以在一个地区发生自然灾害、政策变动或其他不可预见的事件时，迅速从其他区域调动资源，确保生产和供应不中断。这种多点布局不仅降低了对单一产区的依赖，还通过分散供应链风险，增强了企业的抗风险能力。

在全球化与本地化双重布局策略的协同作用下，企业能够构建一个既具有全球竞争力，又具备区域应变能力的供应链网络。这样的网络在面对复杂多变的市场环境时，能够有效保障供应链的连续性和稳定性，从而提升企业的整体韧性和竞争力。这一战略布局不仅是企业应对外部挑战的基础，更是其在激烈的全球市场中立于不败之地的重要保障。

二、信息技术的应用

在现代农业供应链的构建中，信息技术的应用已成为提升供应链韧性的核心驱动力。通过引入物联网（IoT）和区块链等先进技术，不仅实现了供应链的透明化和数字化管理，还显著提升了整体管理效率与供应链的灵活应对能力。

物联网技术通过部署传感器和智能设备，全面覆盖供应链的各个环节，实现实时的监控与数据采集。这些设备能够持续收集和传递关于生产、加工、运输等各阶段的关键数据，帮助企业实时掌握供应链的动态运作状况。基于这些实时数据，企业可以利用大数据分析技术，提前识别并预测供应链中可能出现的风险，进而采取预防性措施，确保供应链的稳定性和可靠性。

区块链技术的引入进一步增强了供应链的可追溯性和安全性。通过分布式账本记录供应链中每一个操作环节，区块链技术有效防止了数据的篡改与欺诈行为，确保信息的真实性和透明度。这种高透明度不仅提升了企业内部管理的效率，也增强了供应链的信任机制。对于消费者而言，区块链技术提供了更加可信赖的产品追溯信息，显著提升了消费者对产品质量的信任度。

通过物联网和区块链技术的综合应用，农业供应链得以实现全面的数字化转型。这种转型不仅推动了供应链管理的智能化和高效化，还为应对未来的不确定性提供了强有力的技术支持，确保了农业供应链的长期韧性和可持续发展。

三、冷链物流体系的建设

冷链物流体系的建设在农业供应链韧性提升中占据了至关重要的地位，特别是在农产品的运输和储存过程中，冷链物流的作用不可替代。通过全程温控管理，冷链物流能够有效延长农产品的保质期，减少温度波动引发的产品损耗，确保产品在到达终端市场时仍保持高质量和新鲜度。这对长距离运输和跨境贸易中的农产品尤为重要。

冷链物流的建设不仅依赖于先进的温控技术，还需配备完善的物流信息系统。这些系统能够实时监控和调节运输过程中各个环节的温度，确保供应链的每一部分都在最佳条件下运作。此外，物流信息系统还可以提供实时数据分析和反馈，使企业能够及时发现和解决潜在的问题，进一步保障供应链的稳定性和效率。

通过冷链物流的优化，企业不仅能够提高产品的新鲜度和市场竞争力，还能减少因产品质量下降而产生的经济损失，从而提升供应链的整体韧性。冷链物流体系的完善不仅是现代农业供应链管理的关键，也是确保全球农产品供应链在日益复杂和不确定的环境中能够持续高效运行的重要保障。

四、应急预案与快速响应机制的建立

在应对不可预测的外部冲击时，建立完善的应急预案和快速响应机制是确保农业供应链韧性的重要手段。面对自然灾害、疫情暴发或市场需求的急剧变化，企业必须具备迅速调整和适应的能力，以最小化对供应链的负面影响。为此，企业需要在多个层面进行准备和规划。

资源的重新配置是应急响应中的关键环节。企业应制订灵活的资源调度计划，以便在供应链的某一环节出现问题时，能够迅速调用备用资源，确保生产和供应的连续性。与此同时，优化物流路线也是提高应急响应效率的有效手段。通过实时监控运输状况并根据实际情况调整路线，企业可以避免潜在的运输延误和损失。

在供应商选择方面，建立多元化的供应链伙伴关系是提升应急能力的另一重要策略。通过与多个供应商建立合作关系，企业可以降低对单一供应商的依赖，从而在供应链中断时拥有更多的替代选择。此外，企业还应定期评估和调整市场策略，以应对市场环境的变化。灵活的市场策略能够帮助企业迅速适应需求的波动，确保产品在市场中的持续供应。

建立专门的风险管理团队是企业提升供应链韧性的重要举措。该团队的核心职责是持续监测、评估并应对供应链中可能出现的各种风险，确保供应链的稳定性和连续性。为了确保风险管理的全面性与有效性，该团队的成员应具备多元化的背景和技能，来自供应链各个关键环节的优秀人才。例如，团队可以包括来自采购、生产、物流、质量控制等不同领域的专家，以便综合考虑不同环节的风险因素。通过汇聚多领域的专业知识和经验，风险管理团队能够对潜在风险做出准确的判断，并制定相应的应对策略，从而有效降低供应链中断或其他风险事件对企业运营的影响。这种多元化的团队结构不仅增强了企业的风险防范能力，也提升了企业在复杂多变的市场环境中的应变能力和竞争优势。

高效的应急预案不仅能够帮助企业在突发事件中迅速做出反应，减少损失，还能通过与政府、社区和其他利益相关者的协作，恢复供应链的正常运作。与政府部门的合作可以确保在突发公共事件中获得必要的政策支持，与社区的协作则能够帮助企业更好地理解和满足当地需求，而与其他利益相关者的沟通与协作则有助于协调供应链上下游的行动，确保产品的持续供应和市场的稳定。

总体而言，应急预案和快速响应机制的建立，使企业在面对各种突发情况时，能够迅速反应、有效应对，并通过灵活的调整和多方协作，保障供应链的稳定性和产品的持续供应。这不仅提升了企业的抗风险能力，也为供应链的长期可持续发展提供了坚实的保障。

五、质量协同控制与信息化建设

提升农产品供应链的质量协同控制环境，是保障农产品质量和供应链韧性的关键举措。为确保农产品的安全与稳定供应，政府部门应强化对农产品供应商的监督管理，严厉打击不合格产品，制定并执行严格的处罚措施，从而形成有效的监管体系。同时，行业内应推动建立统一的质量标准体系，将种植方式、产品规格、施肥量等各个环节进行标准化处理。通过这一标准化体系，不仅可以规范生产流程，还能充分发挥行业自律组织的作用，提升整个行业的质量控制水平。

在企业层面，物联网、大数据等新兴技术的应用对于农产品品质的实时监测和管理至关重要。这些技术能够对农产品从生产到市场的全过程进行数据化管理，实现对农产品品质的监测、统计、分析以及危机预警。借助智能化的管理系统，企业可以准确、快速地识别并召回违规产品，避免劣质产品流入市场，逐步实现供应链管理的智能化升级。

信息化建设是实现供应链协同管理的核心基础。加快农村地区数字基础设施的建设对于提升信息传输的效率和广度至关重要，可以确保供应链各个环节能够实现信息的快速传递。通过建立信息共享平台，各节点之间的协作与透明度将得到显著提升，使种植、生产、加工、配送以及价格波动等关键信息能够及时共享。这种信息化的手段，不仅有助于优化供应链的整体运作效率，还能通过严格审核发布信息的企业和成员，实施实名跟踪管理，防止虚假信息的传播，从而进一步增强供应链信息的透明度和信任度。针对有问题的产品，通过信息共享平台实现快速召回，将显著降低"信息不对称"导致的风险。这种及时的信息传递和响应机制，能够有效减少因"农产品损失"或"农产品质量"问题而对供应链韧性产生的负面影响，[①] 确保供应链在面对突发事件时能够保持稳定和高效的运作，从而为农产品质量的保障和供应链的长期可持续性提供强有力的支持。

通过加强质量协同控制与信息化建设，农产品供应链能够实现更高的透明度和一致性，确保产品质量的稳定和供应链的高效运行。这不仅提升了消费者对农产品质量的信任度，也为供应链的可持续发展奠定了坚实的基础。

综合运用战略布局、信息技术、冷链物流以及质量协同控制和应急机制等多元化手段，农业企业能够建立一个具有高度适应性和抗风险能力的供应链系统。这样的供应链系统不仅能够应对复杂多变的市场环境，还能够保障产品的质量和供应的持续性，为农业企业提升市场竞争力和实现全球农业供应链的可持续发展提供坚实的基础。

第二节　提升农业供应链韧性的路径与方向

农业供应链韧性的提升是一个持续且多维度的过程，需要从多个角度出发，制定科学的路径与明确的发展方向，以应对不断变化的市场环境和外部

---

① 张建军，赵启兰. 中蒙农牧业跨境供应链协作理论框架及实现路径［J］. 中国流通经济，2024（1）：55–67.

挑战。

一、推动科技创新与数字化转型

科技创新是提升农业供应链韧性的关键驱动力，决定了农业供应链在面对不断变化的市场环境和外部挑战时的适应性与持续性。未来的发展路径应聚焦于推动农业供应链的数字化转型，通过引入大数据、人工智能、物联网等先进技术，实现供应链的全面智能化管理。这些前沿技术的应用，不仅显著提升了供应链的透明度和可追溯性，还通过精确的数据分析，帮助企业预测市场变化，提前布局应对策略。

大数据分析能够为供应链各个环节提供详尽的市场洞察，帮助企业识别潜在的风险和机遇，从而优化决策过程，提升供应链的反应速度与效率。人工智能技术则通过机器学习和智能算法，对供应链数据进行深度分析和处理，为企业提供实时的运营优化建议，提升供应链的整体运作效率。物联网技术通过智能传感器和设备，将供应链的各个环节连接起来，实现对生产、运输、存储等过程的实时监控，确保供应链在任何情况下都能保持高效运行。

数字化转型不仅是技术的升级，更是供应链管理模式的革新。通过引入这些先进技术，企业能够构建起一个更加灵活和高效的供应链体系，显著提升其应对市场不确定性和突发事件的能力。这种智能化、数字化的供应链管理模式，将为农业供应链的长期发展提供坚实的技术基础。

二、强化区域性布局与全球化布局的协同

在未来的发展方向中，供应链布局的优化应高度重视区域性布局与全球化布局的协同发展，以应对复杂多变的市场环境和潜在的风险挑战。通过在全球范围内建立多元化的供应链节点，企业能够有效分散地理和市场风险，避免因单一地区问题而导致供应链中断，从而显著增强供应链的整体韧性。

在全球化布局的基础上，本地化的区域性供应链网络建设同样至关重要。企业应专注于特定区域的供应链网络建设，确保其具备快速响应区域性突发事件的能力。在遇到自然灾害、政策变化等区域性危机时，企业能够迅速调整资源配置，保持生产和供应的连续性，从而维护供应链的稳定性。

区域性与全球化布局的协同发展，不仅能够为企业提供更加稳健的供应

链支撑，还能显著提升其在全球市场中的竞争力。全球化布局提供了广泛的市场接触与资源整合能力，而区域性布局则确保了企业在本地市场的快速应变和高效运营。通过协调这两种布局策略，企业可以构建一个具有高度弹性和适应能力的供应链体系，使企业既能够在全球市场中抓住机遇，又能有效应对区域性挑战，从而实现供应链的持续优化与稳定增长。协同布局为农业供应链在复杂多变的全球环境中提供了更加坚实的基础，助力企业在激烈的国际竞争中保持领先地位。

三、构建可持续发展与绿色供应链

在全球对可持续发展和环境保护日益重视的背景下，农业供应链的未来发展必须以绿色供应链的建设为核心。可持续发展的理念不仅要求减少碳排放和资源消耗，还强调循环经济模式的全面应用，如废弃物的再利用和资源的高效回收。这种模式不仅能够减少生产过程中对环境的负面影响，还能有效提升资源利用效率。

为了实现这一目标，企业应积极推广生态友好的生产方式，包括采用可再生资源、减少化学品使用以及提升能源利用效率等。同时，绿色物流技术的应用对于减少供应链运输过程中的碳足迹至关重要。通过优化运输路线、使用低排放或电动运输工具，企业可以在物流环节大幅减少对环境的负面影响。

绿色供应链的构建不仅有助于提升企业的经济效益，还为其在全球市场中树立了负责任的企业形象，增强了企业的社会责任感和品牌竞争力。通过引领可持续发展的潮流，企业不仅能够满足日益严格的环保法规要求，还可以抓住绿色经济发展的新机遇，实现长期稳定的增长。

总之，绿色供应链的建设将成为农业供应链韧性发展的重要方向。通过结合经济效益与环境保护的双重目标，企业能够在推动农业供应链可持续发展的同时，助力全球农业的长期稳定和健康发展。这种以绿色和可持续为核心的供应链策略，不仅符合全球环境治理的趋势，也为农业供应链的未来发展指明了方向。

四、加强政策支持与多方协作

农业供应链韧性的提升离不开政策的有力引导与多方协作的共同努力。未来的发展路径应聚焦于强化政府对农业供应链的政策支持，特别是在关键领域如数字基础设施建设、绿色农业补贴、供应链风险管理等方面，提供必要的激励和扶持。这些政策措施不仅能为企业在推进供应链韧性建设过程中提供有力的支持，还能推动整个行业向更加可持续和高效的方向发展。

财政支持和补贴是政府政策支持的重要组成部分。通过提供财政补贴，政府能够帮助农业生产者和供应链参与者更好地应对市场波动和突发事件。具体措施包括提供生产补贴、运输补贴以及保险费用补贴，以减轻农业企业的财务压力。这些财政支持不仅增强了企业的抗风险能力，还为供应链的稳定运行提供了坚实的经济基础。

在加强政策支持的同时，多方协作也是不可或缺的。企业、政府、学术机构与非政府组织应形成紧密的合作关系，共同构建一个多方参与、利益共享的供应链协同网络。企业可以通过与政府部门的合作，获得政策指导和资源支持；与学术机构的合作，可以利用最新的研究成果和技术创新推动供应链优化；与非政府组织的协作，则有助于在环保、社会责任等领域实现更广泛的影响力和公众支持。

通过这种政策引导与多方合作的模式，农业供应链将能够形成一个强有力的支持体系，确保在面对市场波动、环境变化等不确定性时具备更强的应对能力和弹性。这种协同网络不仅提升了供应链的整体韧性，还推动了行业的规范化发展，促进了供应链各环节之间的资源共享和信息互通，进一步增强了供应链的效率和稳定性。

最终，通过加强政策支持与多方协作，农业供应链能够在日益复杂的全球市场环境中实现稳健发展，推动全球农业供应链向更高层次的韧性和可持续性迈进。这一多方协同的模式，为农业供应链的长远发展奠定了坚实的基础，同时也为企业在全球竞争中保持领先地位提供了战略支持。

五、培育新型人才与强化技能培训

人才是推动农业供应链韧性发展的核心资源。未来的发展方向应着重于培养具备现代农业技术和供应链管理能力的新型人才，并通过系统化的技能培训，提升现有从业人员的专业素质与适应能力。在这个过程中政府与企业应共同承担责任，积极投资于教育和培训项目，推动农业从业者掌握数字化、智能化以及可持续发展的新技能。

通过这种协作模式，农业从业者将不仅具备基础的农业知识，还能够熟练应用先进的技术工具，适应现代农业供应链的需求。这种技能提升不仅使得供应链在面对新技术应用和市场变化时更具灵活性和应变能力，也为供应链的长远发展奠定了坚实的基础。

进一步提升人力资本的质量是增强农业供应链韧性与竞争力的关键。市场环境和技术条件不断演变，只有拥有高素质的人才队伍，农业供应链才能在全球竞争中保持领先地位，确保其持续稳健发展。培养新型人才与强化技能培训，不仅是应对当下挑战的必要措施，更是为未来供应链的可持续发展提供长远保障的战略性投入。

综上所述，农业供应链韧性发展的路径与方向，应以科技创新为核心驱动，结合区域与全球布局的协同、绿色供应链的构建、政策支持的强化以及人才的培育，通过多维度的策略，推动农业供应链在复杂多变的全球环境中实现稳健与可持续发展。

第三节　农产品供应链韧性提升策略研究

在当前全球化和快速变化的市场环境中，农产品供应链的韧性提升已成为农业产业可持续发展的关键因素。通过制定和实施一系列科学的策略，可以显著增强农产品供应链应对不确定性和突发事件的能力。

一、强化供应链的弹性管理

弹性管理是确保农产品供应链在面临各种风险和挑战时能够迅速调整和恢复的核心策略。供应链弹性管理的首要任务在于增强企业应对突发事件的能力，具体体现在资源储备、供应商多元化以及物流路径优化等方面。

通过建立战略资源储备，企业能够在供应链遭遇断裂或市场剧烈波动时迅速调动所需资源，维持生产和供应的连续性。这种资源储备不仅包括物资，还涵盖人力资源、技术设备等，确保在任何情况下企业都能够迅速响应。

在供应商管理方面，减少对单一供应商的依赖是提升供应链弹性的重要途径。通过建立多元化的供应商网络，企业能够分散风险，即使某一供应商出现问题，其他供应商也能迅速填补空缺，保障供应链的正常运作。同时优化物流路径也是提高供应链弹性的重要手段。通过灵活的物流安排，企业可以根据实际情况快速调整运输路线，避免因物流中断而导致的供应链危机。

二、推动创新型金融工具的应用

创新型金融工具的引入，为农产品供应链韧性的提升提供了新的手段和支持。供应链金融的发展不仅可以帮助企业更好地管理现金流，还能够有效分散财务风险，增强供应链的资本运作效率。

供应链保险作为一种重要的金融工具，可以为企业在供应链中断、自然灾害或市场波动等风险事件中提供经济保障。通过投保供应链保险，企业能够在突发事件发生后迅速获得资金补偿，减轻财务压力，确保供应链的连续性。

应收账款融资也是供应链金融中的重要组成部分。企业可以通过将应收账款作为抵押品，从金融机构获取短期融资，从而缓解资金周转压力。这种融资方式不仅提高了企业的流动性，还能在一定程度上降低供应链中断带来的财务风险，增强企业在市场波动中的抗风险能力。

三、拓展社区支持农业（CSA）模式

社区支持农业（community supported agriculture，CSA）模式是一种将农户与消费者直接连接起来的创新方式，能够显著提升供应链的本地化韧性。在这一模式下，消费者预付农产品费用，直接支持当地农户的生产活动。这种预付机制不仅稳定了农户的收入来源，还减少了中间环节对市场波动的影响，增强了供应链的稳定性。

CSA模式的扩展为农产品供应链提供了一个更加稳健的本地化发展路径。通过与社区建立紧密联系，农户能够更好地了解消费者的需求，调整生产策略，从而提高农产品的市场适应性。与此同时，消费者也能通过这一模式获

得更加新鲜、健康的农产品,增强对供应链的信任感。

在全球市场波动加剧的背景下,CSA模式的推广将进一步巩固农产品供应链的韧性。通过扩大社区支持农业的覆盖范围,企业可以在不确定的市场环境中保持供应链的连续性和稳定性。

四、发展循环经济模式

循环经济模式是提升农产品供应链韧性的另一重要策略,通过资源再利用和废弃物管理,企业可以有效减少对新资源的依赖,降低生产成本,并减少对环境的负面影响。

在农产品供应链中,废弃物管理是循环经济的核心内容之一。通过将农业废弃物转化为有机肥料、生物能源或其他可再生资源,企业可以将废弃物重新投入生产过程,实现资源的循环利用。这不仅降低了对外部资源的需求,还增强了供应链在资源短缺或价格波动时的应对能力。

循环经济模式还包括优化生产和物流过程,通过减少能源消耗和资源浪费,提升供应链的整体效率。企业可以通过技术创新和流程优化,减少碳足迹,增强供应链的环保可持续性。

五、采用再生农业方法

再生农业是一种以恢复和增强生态系统为核心的农业方法,对于提升农产品供应链韧性具有长远的战略意义。通过多样化种植、土壤健康管理和碳封存等再生农业技术,企业可以减少对化学肥料和农药的依赖,提升农业系统的自然恢复能力。

再生农业方法的应用,不仅提高了农产品的质量和可持续性,还增强了供应链在面对环境变化时的抗风险能力。例如,通过多样化种植,农户能够提高作物的多样性,减少单一作物病虫害和气候变化的风险;通过土壤健康管理,能够增强土壤的生产力和保水能力,从而提升农业产出的稳定性。

这种可持续的农业实践,有助于增强供应链的长期韧性,确保农产品的供应能够在环境和市场的不确定性中保持稳定。

六、探索共享经济模式的应用

共享经济模式在农产品供应链中的应用，能够显著提升资源利用效率，降低运营成本，增强供应链的适应性和灵活性。

通过建立共享平台，企业可以与其他农业生产者共享设备、仓储空间和物流资源。这种共享模式不仅减少了固定成本，还提升了供应链的弹性。例如，在农忙季节，农户可以通过共享平台租赁必要的农业设备，减少设备购置成本；在物流环节，共享仓储和运输资源可以优化运输路径，降低物流成本。

共享经济的应用，打破了传统供应链的资源独占模式。通过资源共享和协作，企业能够更好地应对市场变化和不确定性。这种创新模式不仅提升了供应链的运营效率，还增强了供应链的韧性，使其能够在复杂的市场环境中保持竞争力。

提升农产品供应链韧性需要在多个层面进行系统性改进和创新。通过实施供应链弹性管理、推动创新型金融工具的应用、扩展社区支持农业模式、发展循环经济、采用再生农业方法、探索共享经济模式，企业可以显著增强供应链的稳定性和抗风险能力。这些策略的综合实施，将为农业产业的长远发展提供强有力的支持，并确保农产品供应链在全球市场中保持竞争力和可持续性。

结　　语

第一节　研究成果总结与启示

本书对我国农业产业供应链的现状进行了深入分析，并提出了多种提升其韧性的策略与路径。尽管我国的农业供应链在规模化、现代化及科技应用方面取得了显著进展，但仍面临着诸如结构复杂、信息传递不畅以及外部环境高度不确定等多重挑战。这些因素共同制约了农业供应链的整体效率及其应对风险的能力。

通过系统性分析，本书明确了增强供应链韧性所需的具体措施。这些措施涵盖了提升农业科技水平、优化供应链管理、加强信息化建设以及推动绿色农业发展等方面。实施这些措施能够显著提高供应链的稳定性和抗风险能力，为农业产业的可持续发展奠定坚实基础。

研究结果表明，提升供应链韧性不仅依赖于技术和管理层面的创新，还需要政策支持和产业协同合作的有力保障。随着全球化进程和技术变革的加速，农业供应链管理愈加需要跨领域的合作与创新，只有通过政策引导和多方资源的整合，才能实现供应链的现代化，并确保其在充满不确定性的环境中保持稳健运作和长期发展。

本书为政策制定者、企业管理者和学术界提供了重要的理论支持与实践指导，尤其是在农业供应链现代化进程中，本书提出的科学路径可以有效应对不确定性带来的挑战。通过整合资源、强化政策引导、促进技术应用并推行可持续发展理念，农业供应链的韧性将得到显著提升，从而为农业产业的健康发展和国家粮食安全提供强有力的保障。

本书深化了对农业供应链韧性内涵的理解，并为应对未来可能出现的挑战提供了系统性的应对策略，既具有重要的学术价值，也为实际操作中的农业供应链管理提供了切实可行的指导。实施这些策略将使农业产业在面对多变的市场环境和复杂的外部挑战时，能够保持稳健的发展态势，并持续推动农业供应链的创新和优化。

第二节 展望未来研究方向与趋势

未来的研究方向与趋势应涵盖多个关键领域，充分关注当前农业供应链所面临的复杂挑战。数字化与智能化供应链的研究将成为提升农业供应链韧性的核心议题。随着科技的迅猛发展，研究重点将聚焦于如何将大数据、物联网、区块链等前沿技术有效融入供应链管理。这些技术的应用不仅能够提高供应链的灵活性和响应能力，还能显著改善信息流通和决策效率，从而增强供应链在面对外部冲击时的适应性与恢复能力。

可持续发展与绿色供应链的研究将在全球气候变化和资源日益紧张的背景下占据重要位置。未来研究需深入探讨如何在保障供应链效率的同时，实现资源的可持续利用和碳排放的有效控制。绿色供应链的构建不仅有助于减轻环境负担，还能通过生态设计和循环经济的原则，推动农业供应链向更加环保、节能的方向发展，从而为全球农业的可持续性提供坚实支持。

在全球化背景下，供应链跨国协同合作的研究也将愈加重要。随着国际市场的日益紧密联系，跨国供应链的管理与协同合作变得愈加复杂。未来研究需要深入探讨如何通过国际合作、政策协调以及跨境物流优化，提升全球农业供应链的韧性与运作效率。这种协同合作不仅关乎国家间农业产品的顺畅流通，更涉及全球农业的安全性和稳定性，对于应对全球性危机具有重要意义。

政策支持与供应链管理的互动研究将进一步揭示政府政策在供应链管理中的关键作用。政策的制定直接影响农业供应链的运作模式和发展方向，并对其韧性和抗风险能力产生深远影响。未来的研究应重点探讨如何通过科学合理的政策设计与实施，促进农业供应链的稳定性与持续性发展，并提供切实可行的政策建议，以支持农业产业的整体进步。

总体来看,随着全球环境的动态变化与科技的不断进步,农业供应链的研究将逐步深化,呈现出更加多元化和系统化的发展趋势。通过在数字化、可持续发展、全球化协作以及政策支持等领域的持续探索与创新,未来的研究将为全球农业的可持续发展提供新的理论框架和实践路径,推动农业供应链管理的全面升级与优化。这些研究不仅将为学术界提供新的视角和方法,也将为政策制定者和行业从业者提供重要的指导,助力全球农业产业在复杂多变的环境中实现长期稳定的可持续发展。

参考文献

[1] 蔡淑琴,梁静.供应链协同与信息共享的关联研究[J].管理学报,2007(2).

[2] 曾文杰.基于合作关系的供应链协同效应提升策略研究[J].物流工程与管理,2010(5).

[3] 陈静,秦向阳,肖碧林.基于典型案例的我国农业产业链构建模式研究[J].农村经济,2011(8).

[4] 陈茹暄,冀露,张淑荣,等.全产业链视角下中国奶业贸易现状[J].中国乳业,2022(2).

[5] 陈学庚,温浩军,张伟荣,等.农业机械与信息技术融合发展现状与方向[J].智慧农业,2020(4).

[6] 陈宗胜,杨希雷.共同富裕视角下全面综合测度城乡真实差别研究[J].财经科学,2023(1).

[7] 丁伟东,刘凯,贺国先.供应链风险研究[J].中国安全科学学报,2003(4).

[8] 丁雪峰,吴宇."公司+农户"模式下农产品精准施肥策略与合作机制[J].工业工程,2023(6).

[9] 段浩.新冠疫情对我国产业链韧性的压力测试及应对举措[J].中国工业和信息化,2020(3).

[10] 樊星,邵举平,孙延安.基于模糊理论的跨国农产品供应链风险识别与评估[J].科技管理研究,2016(6).

[11] 方先明,胡丁.企业ESG表现与创新:来自A股上市公司的证据[J].经济研究,2023(2).

[12] 高聂叶子,娄志超,杨世龙,等.世界咖啡产业竞争力评价及中国的对策[J].南方农村,2023(1).

［13］高强，韩国莹．现代化大农业发展的政策内涵、战略重点与实践进路［J］．中州学刊，2024（7）．

［14］国家统计局关于2023年粮食产量数据的公告［R］．国家统计局，https：//www.stats.gov.cn/sj/zxfb/202312/t20231211_1945417.html．

［15］韩江波．"环-链-层"：农业产业链运作模式及其价值集成治理创新：基于农业产业融合的视角［J］．经济学家，2018（10）．

［16］何亚莉，杨肃昌．"双循环"场景下农业产业链韧性锻铸研究［J］．农业经济问题，2021（10）．

［17］贺立龙，张衔．世纪疫情冲击、全球规模性返贫与中国应对［J］．上海经济研究，2022（7）．

［18］胡艺馨，杨丽丽，关大博．"自然灾害-公共卫生"重大突发复合极端事件的经济影响评估：以郑州"涝疫复合"事件为例［J］．计量经济学报，2022（2）．

［19］姜磊磊．农产品供应链韧性的影响机制及适应性研究［J］．山东农业工程学院学报，2024（6）．

［20］姜长云．中国农业发展的问题、趋势与加快农业发展方式转变的方向［J］．江淮论坛，2015（5）．

［21］康铭泰克．久泰农业：全产业链布局，优化升级供应链［DB/OL］．搜狐网，https：//www.sohu.com/a/246330457_823034．

［22］李萍，何瑞石，宋晓松．有效提升我国农业产业链供应链韧性［J］．宏观经济管理，2024（2）．

［23］李萍，任振诚，宋晓松．数字农业提升农业产业供应链韧性对策研究［J］．山西农经，2023（8）．

［24］李薇羽．科技将彻底改变乳制品行业：11种正在印度崛起的乳制品行业先进技术［DB/OL］．亿欧网，https：//www.iyiou.com/news/20190904111474．

［25］李义伦．城镇化背景下的农村剩余劳动力就业途径研究［J］．中国农业资源与区划，2017（2）．

［26］刘鑫鑫，韩先锋．人工智能与制造业韧性：内在机制与实证检验［J］．经济管理，2023（11）．

[27] 刘秀玲，戴蓬军．农业产业化经营中供应链物流管理研究［J］．商业研究，2006（5）．

[28] 刘云菲，李红梅，马宏阳．中国农垦农业现代化水平评价研究：基于熵值法与 TOPSIS 方法［J］．农业经济问题，2021（2）．

[29] 马隽．农村电子商务发展与农村富余劳动力安置问题研究［J］．中国农业资源与区划，2016（2）．

[30] 毛文晋，江林．影响零售商与供应商信息共享意愿的行为因素分析［J］．河北经贸大学学报，2008（1）．

[31] 美国加州：软硬兼施造就农业"丰产水"［DB/OL］．中国节水灌溉网，http：//www.jsgg.com.cn/Index/Display.asp？NewsID＝23458．

[32] 农业农村部．农业现代化辉煌五年系列宣传之一：农业现代化成就辉煌 全面小康社会根基夯实［R］．农业农村部发展规划司，https：//www.stats.gov.cn/sj/zxfb/202312/t20231211_1945417.html．

[33] 农业农村部．2023 年全国农垦经济发展统计公报［R］．农业农村部网站，http：//www.nkj.moa.gov.cn/gzdt/202407/t20240726_6459760.htm．

[34] 瞿英，段祯．新农村背景下农产品供应链韧性影响因素研究［J］．中国物流与采购，2023（11）．

[35] 舒彤，葛佳丽，陈收．基于支持向量机的供应链风险评估研究［J］．经济经纬，2014（1）．

[36] 孙文华，陆岷峰．促进共同富裕：搭建针对新型农业经营主体的普惠金融体系［J］．当代经济研究，2024（3）．

[37] 陶锋，王欣然，徐扬，朱盼．数字化转型、产业链供应链韧性与企业生产率［J］．中国工业经济，2023（5）．

[38] 田雅群，何广文，范亚辰．数字金融提升乡村产业韧性的典型案例和优化路径［J］．西南金融，2022（9）．

[39] 王非，胡信步．供应链管理若干问题研究综述［J］．人文地理，2005（3）．

[40] 王会艳，陈优，谢家平．数字赋能中国制造业供应链韧性机理研究［J］．软科学，2024（3）．

[41] 王祥，强文丽，牛叔文，等．全球农产品贸易网络及其演化分析

[J]．自然资源学报，2018（6）．

［42］王晓锋，王梦玲，肖莉莉．考虑保鲜努力的农产品供应链减排与契约研究［J］．工业工程，2023（6）．

［43］王英姿，黎霆．国际粮商的农业供应链管理及其对我国的启示：以美国嘉吉公司为例［J］．中国发展观察，2013（2）．

［44］魏丽莉，张晶．中国共产党领导下所有制变革推进经济韧性提升[J]．上海经济研究，2021（5）．

［45］温辉．我国农村电商"互联网＋农业"创新发展策略［J］．改革与战略，2017（6）．

［46］吴娟，周正亮，王雅鹏．大食物观背景下中国木本粮油发展研究[J]．粮食科技与经济，2024（1）．

［47］吴孔明，毛世平，谢玲红，等．新阶段农业产业竞争力提升战略研究：基于产业安全视角［J］．中国工程科学，2022（1）．

［48］孟圆，高帅．物流恢复向好质效提升：2023年物流运行情况分析[DB/OL]．中国物流与采购网，http：//www.chinawuliu.com.cn/lhhzq/202402/07/626450.shtml．

［49］席利卿，Ray Collins．中国－澳大利亚农产品供应链纵向协作比较的实证研究［J］．国际贸易问题，2010（4）．

［50］谢红军，吕雪．负责任的国际投资：ESG与中国OFDI［J］．经济研究，2022（3）．

［51］徐娟，章德宾．生鲜农产品供应链突发事件风险的评估模型［J］．统计与决策，2012（12）．

［52］徐文平，陈文博．基于组合赋权-VIKOR的农产品供应链韧性评价体系研究［J］．物流工程与管理，2023（12）．

［53］徐雪，王永瑜．中国乡村振兴水平测度、区域差异分解及动态演进［J］．数量经济技术经济研究，2022（5）．

［54］闫丽新，谷云峰．农业科技影响农业现代化的路径分析［J］．现代农业科技，2023（5）．

［55］颜波，石平，丁德龙．物联网环境下的农产品供应链风险评估与控制［J］．管理工程学报，2014（3）．

[56] 颜波, 石平, 王凤玲. 基于 CVaR 的农产品供应链风险评估与控制 [J]. 软科学, 2013 (10).

[57] 杨兴全, 任小毅, 杨征. 国企混改优化了多元化经营行为吗？ [J]. 会计研究, 2020 (4).

[58] 杨钰莹. 灾害链区域韧性影响因素识别、评估及提升策略研究 [D]. 武汉: 中国地质大学, 2023.

[59] 杨志强, 唐松, 李增泉. 资本市场信息披露、关系型合约与供需长鞭效应: 基于供应链信息外溢的经验证据 [J]. 管理世界, 2020 (7).

[60] 叶飞, 徐学军. 供应链伙伴关系间信任与关系承诺对信息共享与运营绩效的影响 [J]. 系统工程理论与实践, 2009 (8).

[61] 张翠华, 周红, 赵淼. 供应链协同的因素模型及对我国的启示 [J]. 现代管理科学, 2005 (6).

[62] 张东玲, 朱秀芝, 邢恋群, 等. 农产品供应链的质量系统集成与风险评估 [J]. 华南农业大学学报 (社会科学版), 2013 (1).

[63] 张建军, 赵启兰. 中蒙农牧业跨境供应链协作理论框架及实现路径 [J]. 中国流通经济, 2024 (1).

[64] 张其仔. 产业链供应链现代化新进展、新挑战、新路径 [J]. 山东大学学报 (哲学社会科学版), 2022 (1).

[65] 张树山, 谷城. 供应链数字化与供应链韧性 [J]. 财经研究, 2023 (7).

[66] 张耀一. 农业产业链现代化运作逻辑及实现路径研究 [J]. 技术经济与管理研究, 2021 (11).

[67] 张玉梅, 龙文进. 大食物观下农业产业链韧性面临挑战及提升对策 [J]. 中州学刊, 2023 (4).

[68] 张悦. 全球农产品体系变革及政策研究 [D]. 大连: 东北财经大学, 2010.

[69] 赵慧敏, 吾际舟, 赵瑞雪, 等. 巴西农业生产增长因素分析及对中国的启示 [J]. 农业展望, 2024 (6).

[70] 赵雪, 石宝峰, 盖庆恩, 等. 以融合促振兴: 新型农业经营主体参与产业融合的增收效应 [J]. 管理世界, 2023 (6).

[71] 周芳检. 大数据时代城市公共危机跨部门协同治理研究 [D]. 湘潭: 湘潭大学, 2018.

[72] 庄伯超, 余世清, 张红. 供应链集中度、资金营运和经营绩效: 基于中国制造业上市公司的实证研究 [J]. 软科学, 2015 (3).

[73] 翟羿蒙. 区块链背景下的可持续电子农业的 PEST 研究: 来自供应链管理创新的视角 [J]. 湖北农业科学, 2023 (1).

[74] Akkermans H, Bogerd P, Van Doremalen J. Travail, transparency and trust: A case study of computer-supported collaborative supply chain planning in high-tech electronics [J]. European Journal of Operational Research, 2004, 153 (2).

[75] Cull R, Xu L C, Zhu T. Formal finance and trade credit during China's transition [J]. Journal of Financial Intermediation, 2009, 18 (2).

[76] Fang L, Meng X. Research on collaborative structures of agricultural supply chains [C] //2009 International Workshop on Intelligent Systems and Applications. IEEE, 2009.

[77] Gardas B B, Raut R D, Cheikhrouhou N, et al. A hybrid decision support system for analyzing challenges of the agricultural supply chain [J]. Sustainable Production and Consumption, 2019, 18.

[78] Hallikas J, Karvonen I, Pulkkinen U, et al. Risk management processes in supplier networks [J]. International Journal of Production Economics, 2004, 90 (1).

[79] Larson P D. Designing and managing the supply chain: Concepts, strategies, and case studies [J]. Journal of Business Logistics, 2001, 22 (1).

[80] Huo Y, Wang J, Guo X, et al. The collaboration mechanism of agricultural product supply chain dominated by farmer cooperatives [J]. Sustainability, 2022, 14 (10).

[81] Kamble S S, Gunasekaran A, Gawankar S A. Achieving sustainable performance in a data-driven agriculture supply chain: A review for research and applications [J]. International Journal of Production Economics, 2020, 219.

[82] Khanna T, Palepu K. Is group affiliation profitable in emerging mar-

kets? An analysis of diversified Indian business groups [J]. The Journal of Finance, 2000, 55 (2).

[83] Kumar M, Sharma M, Raut R D, et al. Performance assessment of circular driven sustainable agri-food supply chain towards achieving sustainable consumption and production [J]. Journal of Cleaner Production, 2022, 372.

[84] Li S, Lin B. Accessing information sharing and information quality in supply chain management [J]. Decision Support Systems, 2006, 42 (3).

[85] Negri M, Cagno E, Colicchia C, et al. Integrating sustainability and resilience in the supply chain: A systematic literature review and a research agenda [J]. Business Strategy and the Environment, 2021, 30 (7).

[86] Reggiani A, De Graaff T, Nijkamp P. Resilience: An evolutionary approach to spatial economic systems [J]. Networks and Spatial Economics, 2002 (2).

[87] Schoenherr T, Tummala V M R, Harrison T P. Assessing supply chain risks with the analytic hierarchy process: Providing decision support for the offshoring decision by a US manufacturing company [J]. Journal of Purchasing and Supply Management, 2008, 14 (2).

[88] Simatupang T M, Sridharan R. The collaboration index: A measure for supply chain collaboration [J]. International Journal of Physical Distribution & Logistics Management, 2005, 35 (1).

[89] Villalonga B. Does diversification cause the "diversification discount"? [J]. Financial Management, 2004.

[90] Whipple J M, Russell D. Building supply chain collaboration: A typology of collaborative approaches [J]. The International Journal of Logistics Management, 2007, 18 (2).

[91] Zutsara F. Supply chain management in agricultural industry [J]. Journal La Lifesci, 2021, 2 (6).